DER BLAUE REITER

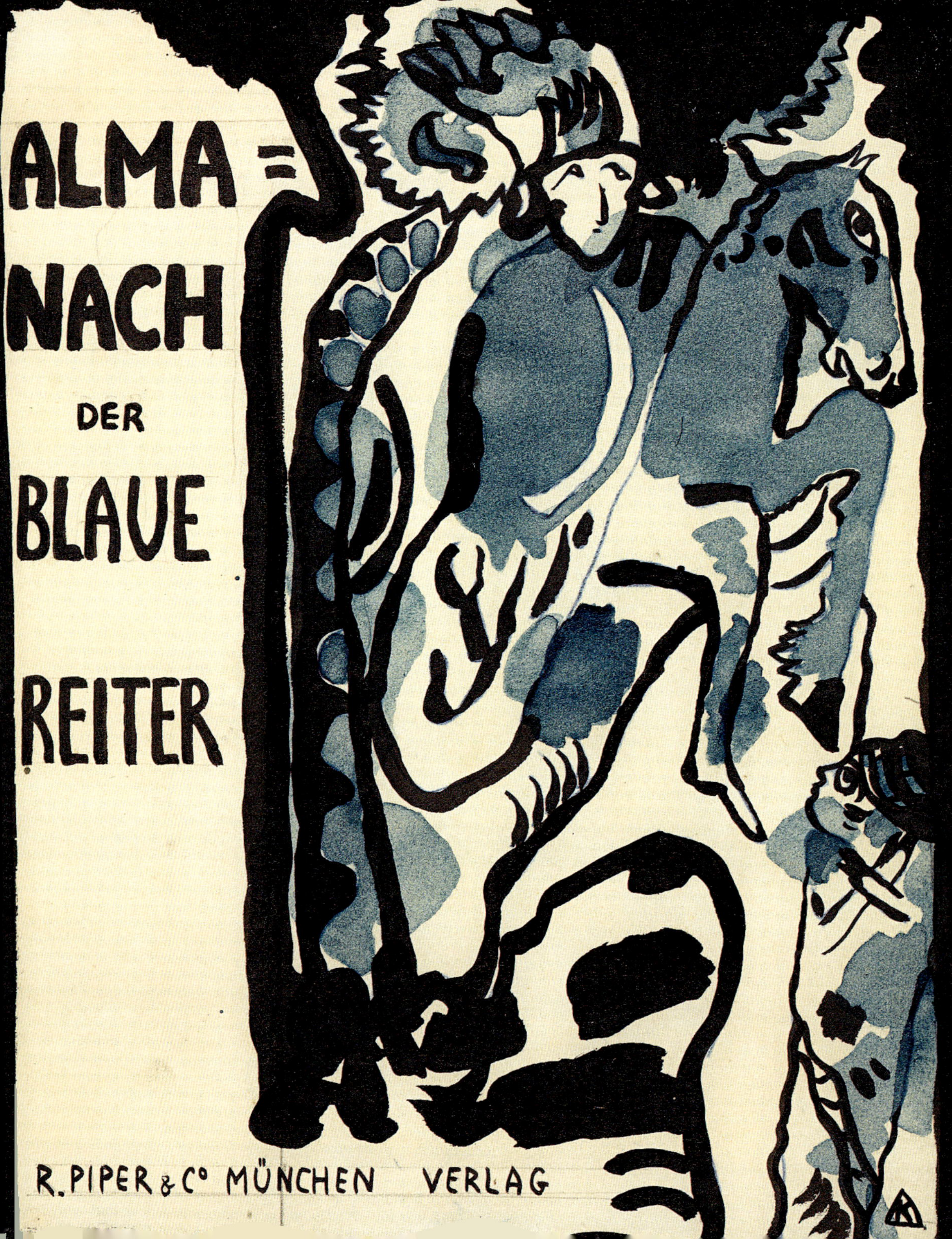
ALMA=
NACH
DER
BLAUE
REITER
R. PIPER & C° MÜNCHEN VERLAG

DER BLAUE REITER

Florian Heine

PRESTEL
München · London · New York

Umschlag-Vorderseite: Franz Marc, Blaues Pferd I, 1911 (Detail, siehe Seiten 68/69)

Frontispiz: Wassily Kandinsky, Titelbild für den Almanach Der Blaue Reiter, 1911 (siehe Seiten 78/79)

Projektleitung: Cornelia Hübler
Lektorat: Stefanie Adam
Herstellung: Martina Effaga
Gestaltung: Florian Frohnholzer, Sofarobotnik
Satz: ew print & media service gmbh
Lithografie: Reproline mediateam
Druck und Bindung: Pixartprinting, Lavis
Schrift: Cera Pro
Papier: 150 g/m² Profisilk

FSC www.fsc.org MIX Papier | Fördert gute Waldnutzung FSC® C147178

Penguin Random House Verlagsgruppe FSC® N001967

Printed in Italy

ISBN 978-3-7913-7732-2

www.prestel.de

INHALT

EINLEITUNG

Der Blaue Reiter ist heute, über hundert Jahre nach seiner Geburt, ein immer noch erstaunlich klangvoller Name in der Geschichte der Kunst. Erstaunlich insofern, weil die Zeit, die er tatsächlich existierte, gerade einmal drei Jahre betrug – von 1911 bis 1914. Und außerdem erstaunlich, weil es sich eigentlich nur um ein Buch und zwei Ausstellungen dieses Namens handelte. Diese allerdings waren so neu und innovativ, dass sie die anfangs schlechten Kritiken und das fehlende Verständnis des Publikums überstanden und bis heute überdauert haben.

Die Kunst des Blauen Reiters, die die Malerinnen und Maler um Wassily Kandinsky, Gabriele Münter, Marianne von Werefkin, Franz Marc und August Macke geschaffen haben, lebt von der Farbe und dem neuartigen Umgang mit ihr. Sie wollten nicht wie die Impressionisten (die immer noch malten, als es den Blauen Reiter schon nicht mehr gab) den äußeren Eindruck, die Impression, wiedergeben, sondern sich selbst ausdrücken. Dabei diente die Farbe weniger der Gegenstandsbeschreibung als vielmehr diesem Ausdruck der Gefühle, also der Expression. Die Expressionisten, wie sie schließlich genannt wurden, versuchten auf diesem Weg, Antworten auf die Frage zu finden, was das Wesen der Kunst sei. Beantworten konnten auch sie diese Frage nicht endgültig, aber Denkanstöße geben und, speziell mit dem Weg in die Abstraktion als kunsthistorisch bedeutenden Schritt, ganz neue Möglichkeiten eröffnen.

Das Ganze geschah in München und dem Voralpenland. Die Haupt- und Residenzstadt des bayerischen Königreiches hatte infolge der leidenschaftlichen Bestrebungen König Ludwigs I. (1786–1868) einen hervorragenden Ruf als Stadt der Künste und der Wissenschaften erlangt. Seit 1854 gab es dort den Glaspalast (abgebrannt 1931), der zunächst für Industrieausstellungen und ab 1889 fast ausschließlich für Kunstausstellungen genutzt wurde. Hier fanden 1858 die *Erste deutsche allgemeine und historische Kunstausstellung* und ab 1869 die *Internationalen Kunstausstellungen* statt, was München auch zu einem bedeutenden Kunsthandelsplatz machte, den Ruf als Stadt der Kunst und Kultur stärkte und viele, auch internationale Künstler anzog. Ab 1896 wurden hier außerdem zwei bedeutende Zeitschriften herausgegeben: die *Jugend*, die dem Stil seinen Namen gab, und das Satiremagazin *Simplicissimus*. 1901 wurde mit »Die 11 Scharfrichter« das erste politische Kabarett Deutschlands gegründet. Trotz allem war das allgemeine Klima sowohl politisch als auch kulturell eher konservativ. »Wenn das Münchener Bürgertum die Erkenntnis gewänne, um was es sich hier handelt, dass hier der erste Akt des Dramas der Kunst der Zukunft gespielt wird, der Kunst, die aus dem Kunsthandwerk zur Architektur und von dieser weiter zur Plastik und wieder zur großen

Malerei führen wird – von ihr wird die Zukunft Münchens als Kunststadt abhängen.« So die Ansicht von Hermann Obrist (1862–1927), der dort um die Jahrhundertwende den Jugendstil mitbegründete.

Die 1808 gegründete Königliche Akademie der Bildenden Künste genoss international einen hervorragenden Ruf (Frauen durften sich allerdings erst ab 1920 einschreiben). Etwa ein Drittel der Kunststudenten kam aus dem Ausland, was allerdings nicht unbedingt dazu führte, dass München eine der Moderne aufgeschlossene Stadt gewesen wäre. »Malerfürsten« wie Franz von Lenbach (1836–1904) und Franz von Stuck (1863–1928) beherrschten die Kunstszene und die Moderne spielte keine besondere Rolle. 1897 schrieb beispielsweise Pablo Picasso (1881–1973) an einen Freund: »Wenn ich einen Sohn hätte, der Maler werden möchte, würde ich ihn nicht einen Augenblick in Spanien festhalten, und glauben Sie nicht, dass ich ihn nach Paris schicken würde [...], sondern nach München, [...] wo man ohne Rücksicht auf dogmatische Begriffe wie Pointillismus und dergleichen [malen lernt].« Das zeigt den Ruf der Akademie: Sie war für ihre fundierte handwerkliche Ausbildung bekannt und nicht für etwaige »moderne Trends«.

Das tat aber dem Zustrom an Künstlerinnen und Künstlern und solchen, die es werden wollten, keinen Abbruch. Besonders ein Stadtteil Münchens wurde durch die schiere Menge an Kunstschaffenden aller Art bekannt: »Das etwas komische, ziemlich exzentrische und selbstbewusste Schwabing, in dessen Straßen ein Mensch – sei es ein Mann oder eine Frau – ohne Palette oder ohne Leinwand oder mindestens ohne eine Mappe sofort auffiel. Alles malte [...] oder dichtete oder musizierte oder fing an zu tanzen.« So sah es Kandinsky.

Der Erste Weltkrieg beendete die Gemeinschaft des Blauen Reiters durch Ausbürgerung und Tod, ihre Ideen aber bestanden weiter. Auch die nationalsozialistische Herrschaft des Dritten Reichs, die diese Kunst als »entartet« vernichten wollte, hatte nicht die Macht, sie von der Landkarte der Kunst zu tilgen. Die Ideen des Blauen Reiters und dessen Umgang mit Kunst haben sich als stärker und langlebiger erwiesen. Dass bis heute noch so viele künstlerische Zeugnisse aus der Zeit des Blauen Reiters existieren, ist zu einem gewichtigen Teil Gabriele Münter zu verdanken, die viele Werke in der Zeit des Nationalsozialismus mutig in ihrem Haus in Murnau versteckte. 1957 übergab sie diese außerordentliche Sammlung, die größte und bedeutendste ihrer Art, der Städtischen Galerie im Lenbachhaus und machte damit die Stadt München nach den unseligen Jahren als »Hauptstadt der Bewegung« wieder zu einer Kunststadt, wie sie eine gewesen war, als die »Blauen Reiter« sich hier zusammengefunden hatten.

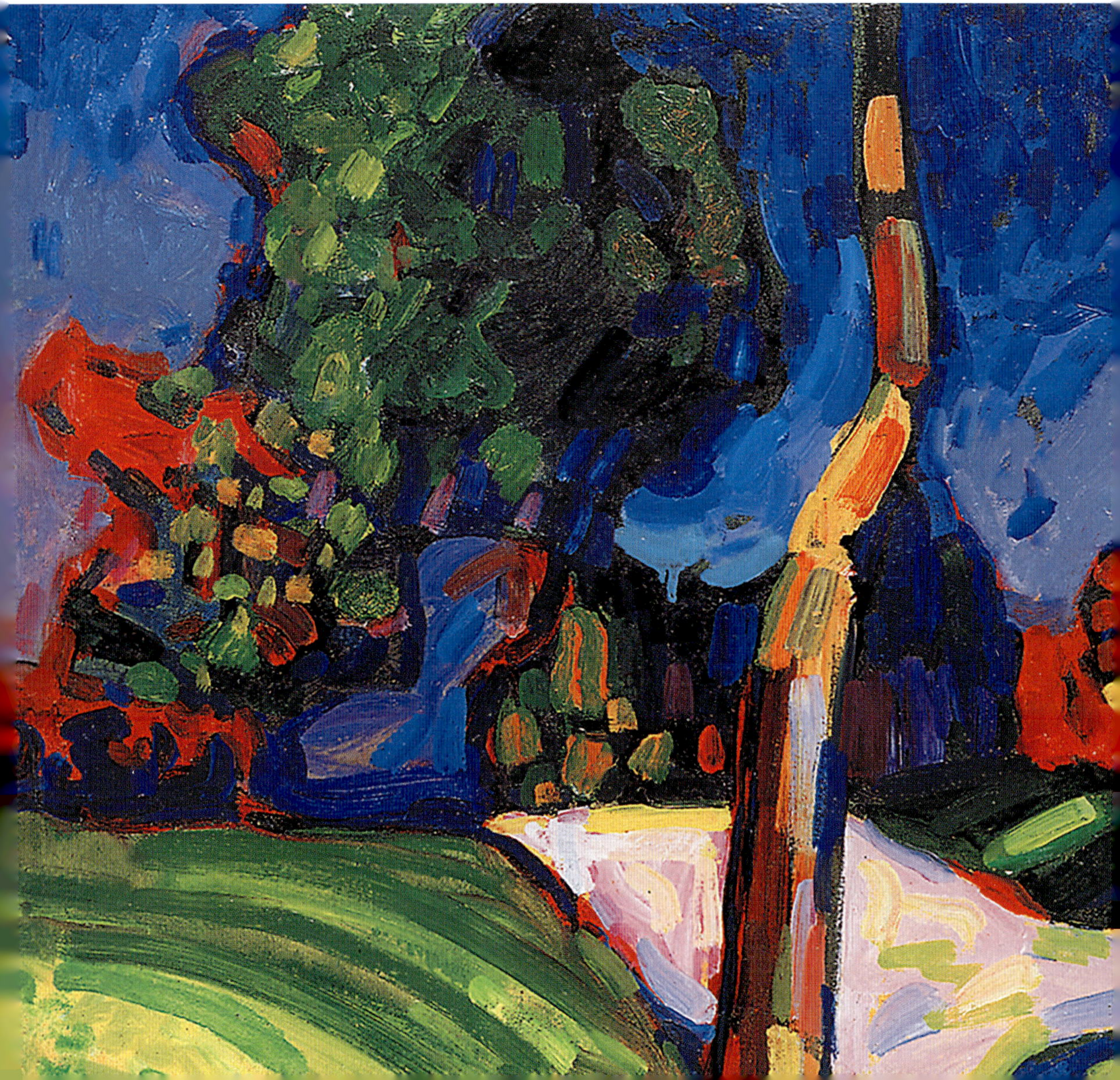

DER BLAUE REITER

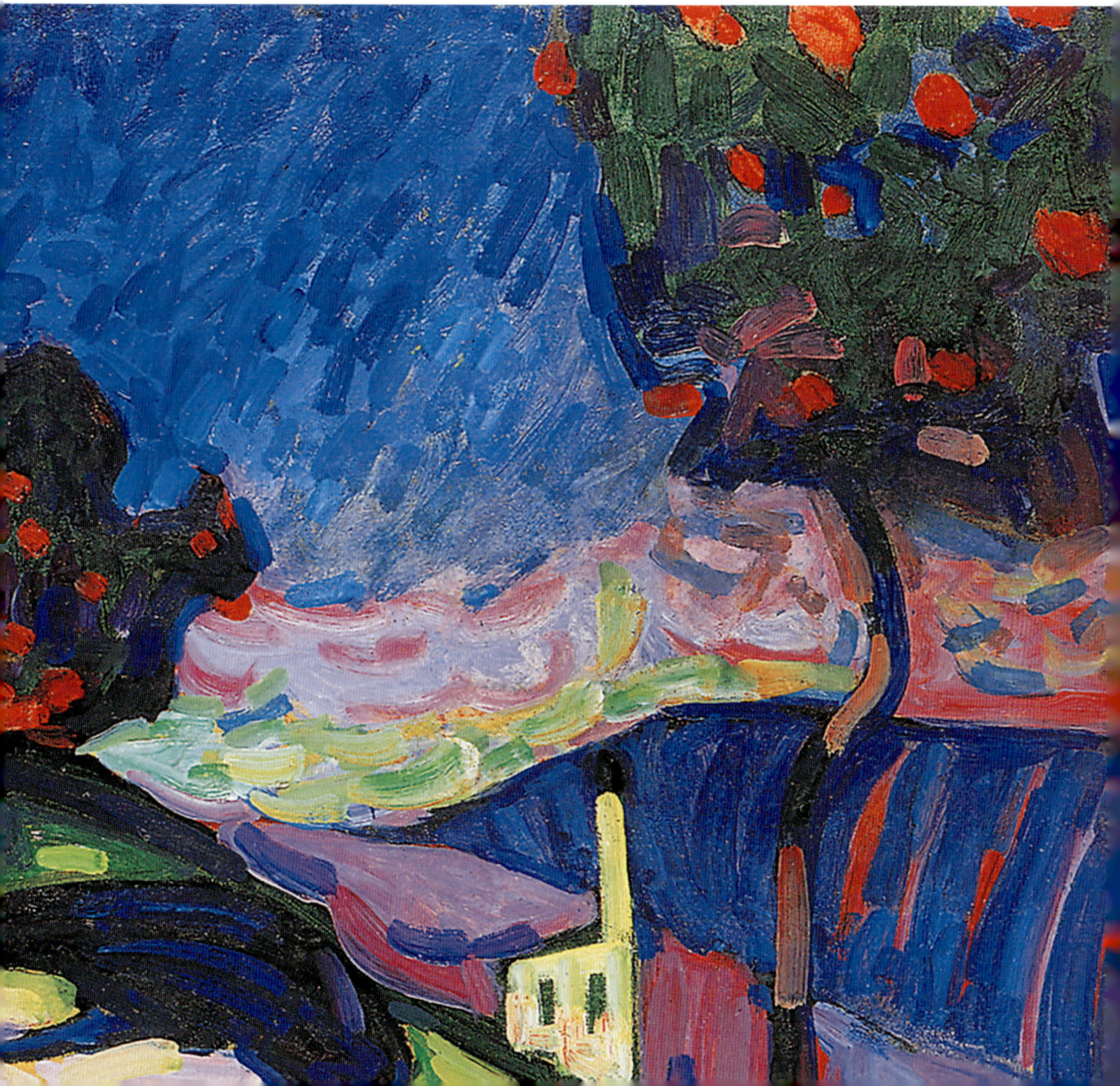

DIE RUSSEN KOMMEN NACH MÜNCHEN

»Die blaue Trambahn zog durch die Straßen wie verkörperte Märchenluft, die das Atmen leicht und freudig macht. Die gelben Briefkasten sangen von den Ecken ihr kanarienvogellautes Lied. Ich begrüßte die Aufschrift ›Kunstmühle‹ und fühlte mich in einer Kunststadt, was für mich dasselbe war wie Märchenstadt.« So beschreibt Wassily Kandinsky (1866–1944) in seinen *Rückblicken* von 1913 seine Ankunft in München im Jahre 1896. Die blaue Trambahn gibt es heute noch und ebenso, wenn auch immer weniger, gelbe Briefkästen. Das mit der »Kunststadt« war auch schon zu Kandinskys Zeiten eher Ansichtssache. Doch Kandinsky war kein junger Rebell, sondern ein 30-jähriger Jurist und Volkswirt, der nach einem erfolgsversprechenden Berufsstart nun seinen Wunsch verfolgte, ein erfolgreicher und einflussreicher Künstler zu werden.

Wassily Kandinsky wurde 1866 in Moskau geboren, dann zog die Familie nach Odessa, wo sich die Eltern 1871 scheiden ließen. Der kleine Wassily wuchs beim Vater auf, einem wohlhabenden Teehändler, der sein künstlerisches Talent mit Mal- und Zeichenunterricht förderte und ihn regelmäßig mit nach Moskau nahm. Nach der Schule studierte Kandinsky dort Rechtswissenschaft und Volkswirtschaft, besuchte Kunstausstellungen und malte weiterhin. 1895 erlebte er in Moskau zwei »Erweckungsmomente«: Einen Ausstellungs- und einen Opernbesuch, wo ihn jeweils ein Werk von Claude Monet und Richard Wagner besonders beeindruckte und letztlich wohl zu der Entscheidung brachte, Maler zu werden (siehe Seite 42). Doch die Kunst, die ihm vorschwebte, war in Moskau nicht zu erlernen, also zog er im Dezember 1896 zusammen mit seiner Cousine und Ehefrau Anna Tschimiakin in die »Kunststadt« München.

Dort angekommen, nahm er bis 1899 Unterricht in der Kunstschule von Anton Ažbe, wo er Alexej von Jawlensky (1865–1941) kennenlernte. Der ehemalige Offizier war mit seiner Geliebten, Freundin und Mentorin Baronin Marianne von Werefkin (1860–1938) von St. Petersburg nach München übergesiedelt. Werefkin war in Russland bereits eine erfolgreiche Malerin und genoss neben der akademischen Ausbildung privaten Unterricht bei Ilja Repin (1844–1930), einem der bedeutendsten Künstler des Landes. Sie errang schnell hohes Ansehen als Malerin des Realismus und wurde als »russischer Rembrandt« gerühmt, bis sie sich 1888 bei einem Jagdunfall selbst eine Schussverletzung ihrer rechten, ihrer Malhand beibrachte. Repin hat die junge Kollegin in dieser Zeit mit ihrem verbundenen rechten Arm in der Schlinge porträtiert. Während ihrer Genesung wandelte sich ihr Stil in Richtung impressionistischer Plein-air-Malerei. 1892 lernte sie über Repin Jawlensky kennen, der ihr seine Liebe gestand, worauf sie pragmatisch antwortete: »Ich habe Sie nicht lieb, wäre aber sehr froh, wenn zwischen uns eine zärtliche Freundschaft in gemeinsamer Liebe zur Kunst aufblühen könnte.« Das war der Beginn einer sehr komplizierten, 29 Jahre andauernden Liaison. Das Paar, begleitet von dem elfjährigen

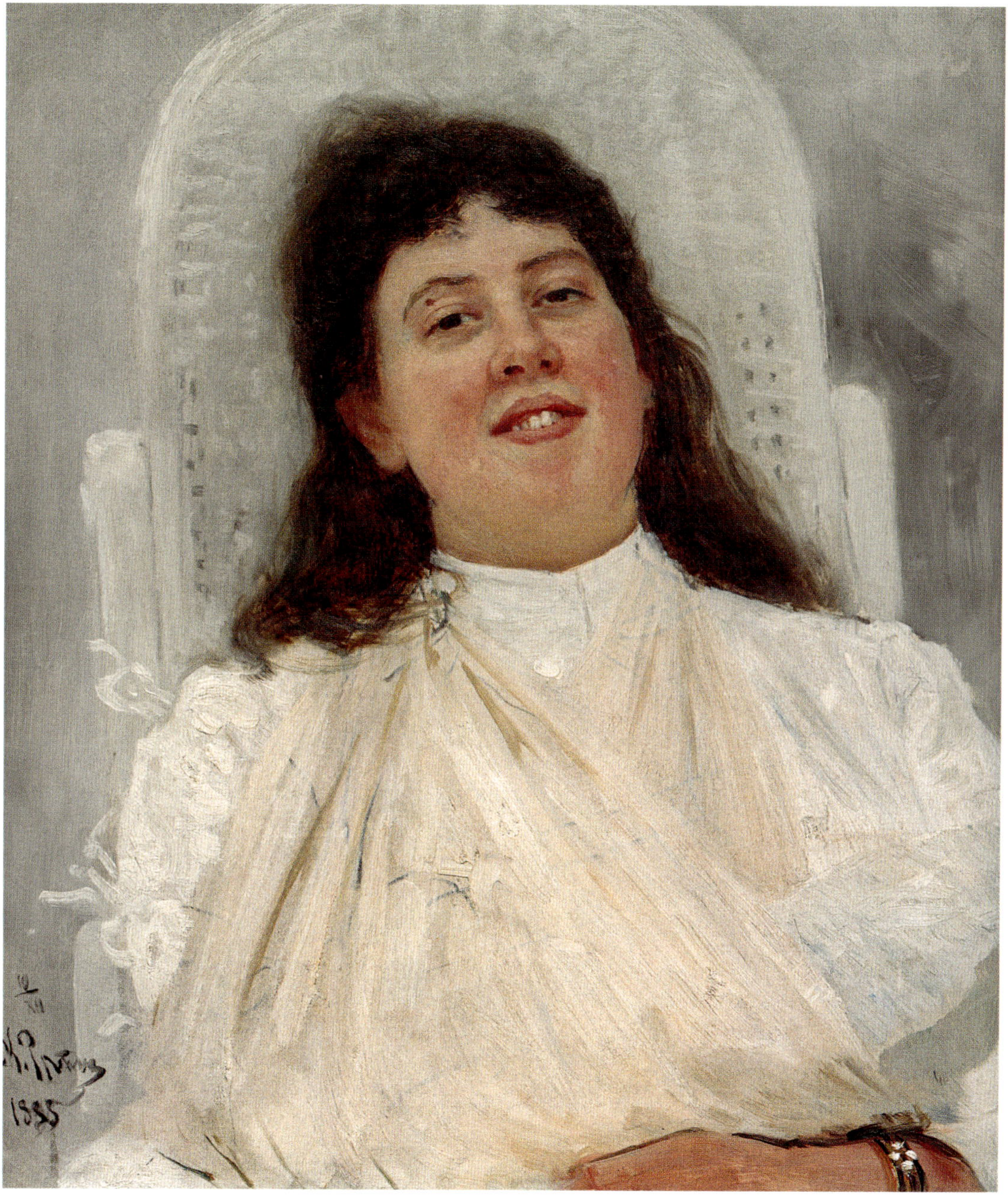

Ilja Repin, *Marianne von Werefkin*, 1888, Museum Wiesbaden

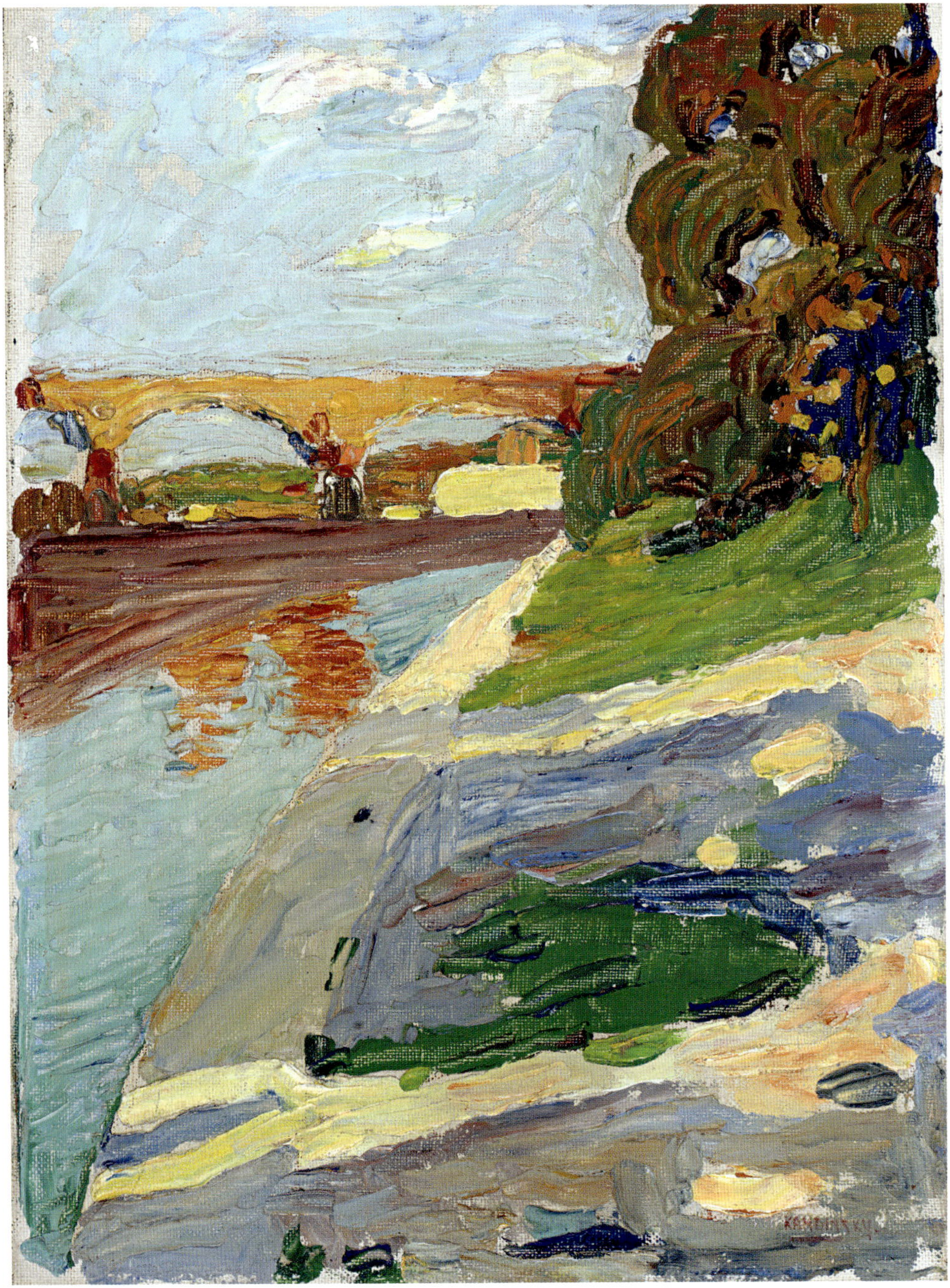

Wassily Kandinsky, *Die Isar*, 1901, Städtische Galerie im Lenbachhaus und Kunstbau, München

Hausmädchen Helene Nesnakomoff (1885–1965), nahm sich zwei zusammenliegende Wohnungen in der Giselastraße, mitten im Münchner Künstlerviertel Schwabing. Finanziert wurde das Ganze durch eine großzügige Rente des Zaren, die die Baronin seit dem Tod ihres Vaters, einem angesehenen General, erhielt.

Kandinsky schrieb sich 1901 in die ersehnte Kunstakademie von München bei dem berühmten Jugendstilmaler Franz Stuck ein, nachdem er im Jahr zuvor noch abgewiesen worden war. Allerdings merkte er bald, dass die akademische Ausbildung nicht seine Sache war. Er malte lieber autodidaktisch plein air an der Isar oder in der Münchner Umgebung, wie er in seinen *Rückblicken* schilderte: »Nur draußen konnte ich wieder aufatmen und mit dem Malkasten Schwabing oder die Isaranlagen auf meine Art abfangen. Ich strich mit dem Spachtel farbige Streifen und Flecken auf die Leinwand und ließ sie so stark singen, wie ich nur konnte. In mir klang die Moskauer Vorabendstunde, vor meinen Augen die in den Schatten tief donnernde Skala der Münchner Lichtatmosphäre. Ich versuchte ein Bild zu machen, dass mit den Naturgesetzen nicht allzu viel zu tun hatte. Zuhause immer eine tiefe Enttäuschung. Meine Farben schienen schwach. Eine erfolglose Anstrengung, die Kraft der Natur zu fangen.«

Diese Misserfolge hielten den Maler nicht davon ab, 1901 mit befreundeten Kollegen den Verein Phalanx zu gründen, um Ausstellungen zu organisieren und Kunstunterricht zu erteilen. Hier zeigte sich ein Talent Kandinskys, das ihm Zeit seines Lebens helfen sollte: Neben seiner Leidenschaft zur Kunst war er auch ein strategisch denkender, kommunikativer und geschickter »Kunstmanager«, Kurator und Organisator, der die neuen Möglichkeiten des sich entwickelnden Kunstmarktes für sich nutzte. Mit Phalanx organisierte er bis 1904 zwölf Ausstellungen, zu denen er auch meistens die Plakatentwürfe lieferte (siehe Seite 14). Neben deutschen Künstlergrößen wie Lovis Corinth (1858–1925) und dem Österreicher Alfred Kubin zeigten sie auch Werke internationaler Künstler, wie Félix Vallotton, Paul Signac und Henri Toulouse-Lautrec. Bei der siebten Ausstellung gelang es, Gemälde des Impressionisten Claude Monet zum ersten Mal in München zu zeigen. Die Vielseitigkeit und Internationalität der Phalanx-Ausstellungen waren durchaus innovativ, allerdings war das Publikum nicht sonderlich interessiert daran und besuchte sie auch kaum – was wiederum eine Schattenseite der »Kunststadt« München offenbarte, denn moderne Kunst war damit nicht unbedingt gemeint.

Währenddessen geriet die Baronin Werefkin auf der Suche nach neuen Ausdrucksmöglichkeiten und einem neuen künstlerischen Ideal in eine tiefe Schaffenskrise und hörte erstaunlicherweise auf zu malen – zehn Jahre lang. Stattdessen widmete sie sich ganz der Entwicklung des Talents ihres Lebensgefährten Jawlensky. 1902 begann sie unter dem Titel *Briefe an einen Unbekannten* ihre Gedanken und Theorien aufzuschreiben: »Mir fehlen die Worte, um mein Ideal auszudrücken. So suche ich den Mann, der diesem Ideal Gestalt geben würde. Wenn ich mich nur ganz dem

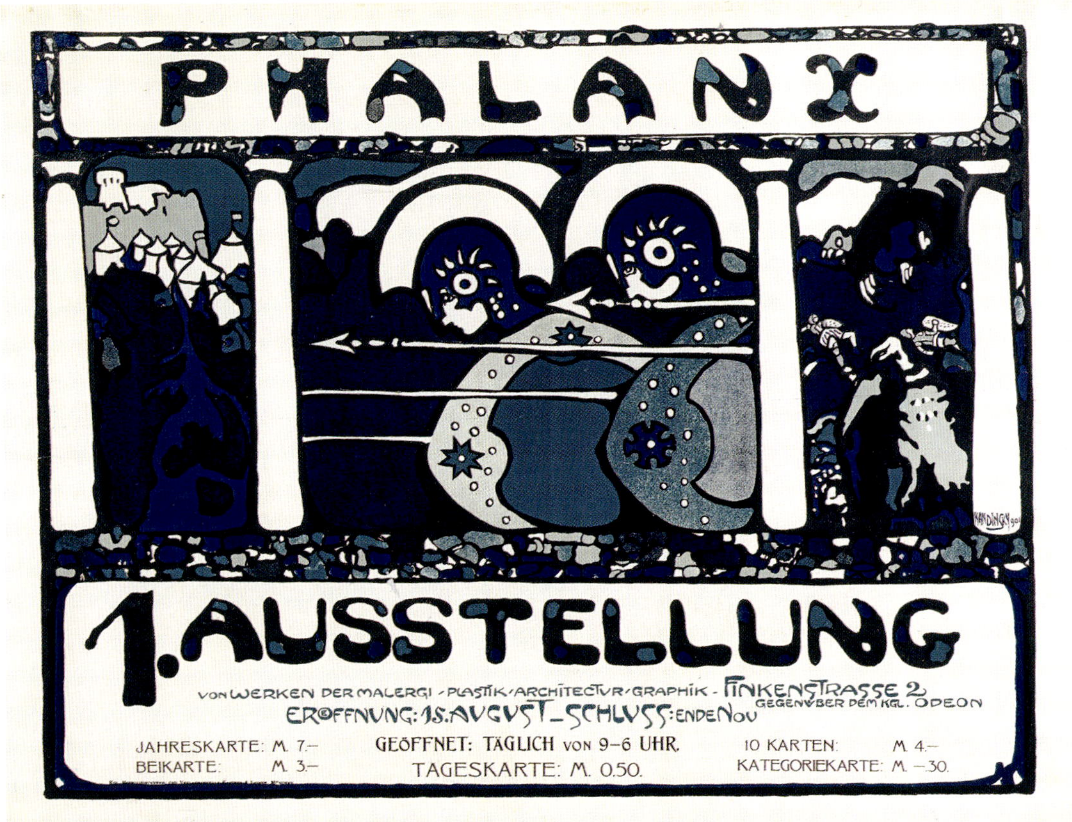

Wassily Kandinsky, *Plakat für die erste Ausstellung der Phalanx*, 1901, Städtische Galerie im Lenbachhaus und Kunstbau, München

widme, an den ich glaube, wird das wahre und einzige Werk entstehen. Dafür ist es wert, gelebt zu haben.« Ein etwas eigenwilliges Arrangement, über das sie später sagte: »Ich liebte seine Kunst und wollte *ihr* helfen. Er gefiel mir, ich wusste, dass er leichtsinnig und ein Frauenläufer war.«

Statt selbst zum Pinsel zu greifen, beschäftigte sie sich in den nächsten Jahren mit der Theorie der Kunst. Einer ihrer Leitsätze war: »Ich liebe die Dinge, die nicht da sind.« In ihrer Wohnung in der Münchner Giselastraße trafen sich viele Künstler, Intellektuelle und Politiker bei ihren Salons zum regen und regelmäßigen Austausch. Die umtriebige »Netzwerkerin« Werefkin gründete 1897 die Bruderschaft von Sankt Lukas, dem Schutzpatron der Maler. Die »Giselisten«, wie man Werefkin und Jawlensky wegen des Straßennamens nannte, wurden schnell zum gesellschaftlichen Mittelpunkt und über Werefkin schrieb Elisabeth Macke später: »Sie war eine ungemein temperamentvolle starke Persönlichkeit, voll revolutionären Geistes«. Von allen Seiten wurde ihr ein brillanter, charmanter und unkonventioneller Charakter bekundet; sie war der unumstrittene Mittelpunkt der Gesellschaft. Auch Jawlensky scheint laut Frau Macke ein »ungemein sympathischer Mensch« gewesen zu sein, »aber ein wenig lag immer ein Geheimnis über diesen drei Menschen«. Als dritte meinte Macke das Hausmädchen Helene, die 1902, als 16-Jährige, Jawlenskys Sohn Andreas gebar. Kaum verwunderlich, dass die persönlichen Probleme zwischen Werefkin und Jawlensky mit der Zeit zunahmen. In *Briefe an einen Unbekannten* notierte sie: »Wird das Schaffen, an das ich so glaubte, in mir umkommen? Ich habe mich so unsichtbar, so zu einem Nichts gemacht, dass etwas Stolzes in mir rebellierte. Bin ich wirklich ein echter Künstler? Was für ein Verbrechen habe ich mir selbst angetan? Ich schreibe, damit mein Herz nicht bricht vor maßlosem Schmerz.«

Ende 1903 löste Kandinsky die Phalanx-Schule wegen Schülermangel auf. Für ihn hatte sich der Aufwand trotzdem gelohnt, denn durch die vielen Ausstellungen hatte er reichlich Gelegenheit gehabt, Kontakte zu knüpfen. Seine eigenen Bilder zeigte er in der Folge in Berlin, Budapest, Prag, Venedig sowie Moskau und St. Petersburg, Wien und Rom. In Paris stellte er 1904 beim Salon d'Automne aus. Im selben Jahr veranlasste Max Liebermann Kandinskys Wahl zum Mitglied des Deutschen Künstlerbundes. Für Kandinsky war die Malschule allerdings auch in anderer Hinsicht schicksalhaft, denn 1901 schrieb sich dort die 23-jährige Gabriele Münter (1877–1962) ein.

Gabriele Münter, 1877 in Berlin geboren, hatte in jungen Jahren mit dem Tod ihrer Eltern schon einige Schicksalsschläge hinnehmen müssen. Der Vater war während der Revolution 1848 nach

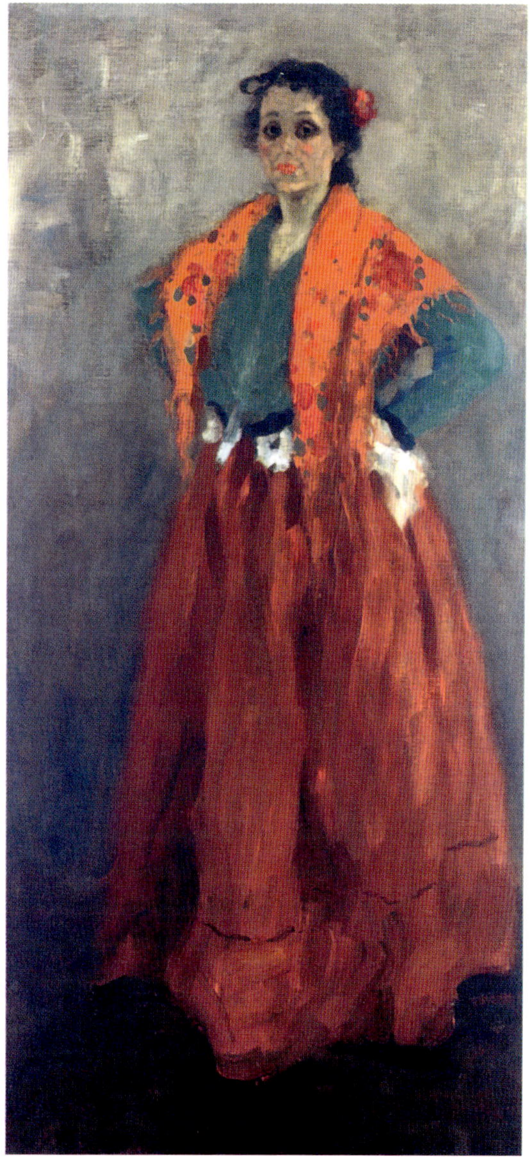

Alexej von Jawlensky, *Helene im spanischen Kostüm*, 1901/02, Museum Wiesbaden

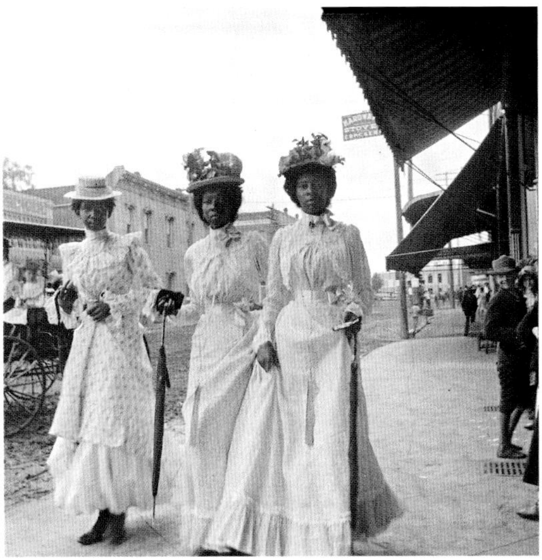

Gabriele Münter, *Drei Frauen im Sonntagsstaat*, Marshall, Texas, 1899/1900, Gabriele Münter- und Johannes Eichner-Stiftung, München

Amerika ausgewandert, hatte es als Zahnarzt zu einigem Wohlstand gebracht und war während des amerikanischen Bürgerkrieges mit seiner Frau, einer deutschstämmigen Amerikanerin, zurück nach Berlin gekommen. Von dort zog er ein Jahr nach Münters Geburt nach Koblenz um, wo er 1886 starb. Nachdem 1897 auch ihre Mutter gestorben war, reiste Münter mit ihrer Schwester zu ihrer Verwandtschaft nach Amerika. Der Aufenthalt dauerte zwei Jahre (1898–1900), in denen die Schwestern von New York über Missouri und Arkansas bis nach Texas und zurück reisten. Münter zeichnete viel und bekam 1899 eine Kodak-Boxkamera zu ihrem Geburtstag geschenkt. Die Fotografie wurde zu einer Leidenschaft, die sie lange Zeit begleitete. Ihre Bilder zeigen ein gutes Gefühl für den Moment, unbelastet von jeglichen Theorien. Diese künstlerische Freiheit behält Münter auch später in ihrer Malerei bei.

Zurück aus den USA zog Gabriele Münter nach München mit dem Plan, Künstlerin zu werden. Sie schrieb sich in der sogenannten Damenakademie ein, da der Zugang zur »richtigen« Akademie Frauen in dieser Zeit noch verwehrt war. Über eine Mitschülerin wurde sie auf die Phalanx-Schule aufmerksam: »Bald ging ich zur Phalanx-Schule u. meldete mich in der Bildhauerklasse Hüsgen an für nachmittag. Dazu gehörte dann der Abendakt bei Kandinsky [...]. Das war dann ein neues künstlerisches Erlebnis, wie K. ganz anders, wie die andren Lehrer – eingehend und gründlich erklärte u. mich ansah, wie einen bewusst strebenden Menschen, der sich Aufgaben u. Ziele stellen kann. Das war mir neu u. machte Eindruck. – Es war außerdem sehr nett im III Stock der Hohenzollernstr. Phalanxschule.«

Bei Malreisen, die Kandinsky 1902 mit seinen Schülerinnen und Schülern unternahm, kamen sich die beiden, auch wegen ihrer gemeinsamen Leidenschaft zum Fahrradfahren, näher und es begann eine Beziehung zwischen der Schülerin und dem verheirateten Lehrer, die sich durch alle Höhen und Tiefen über zwölf Jahre und darüber hinaus erstreckte. Von 1904 bis 1908 waren die beiden fast ständig auf Reisen, was nicht zuletzt

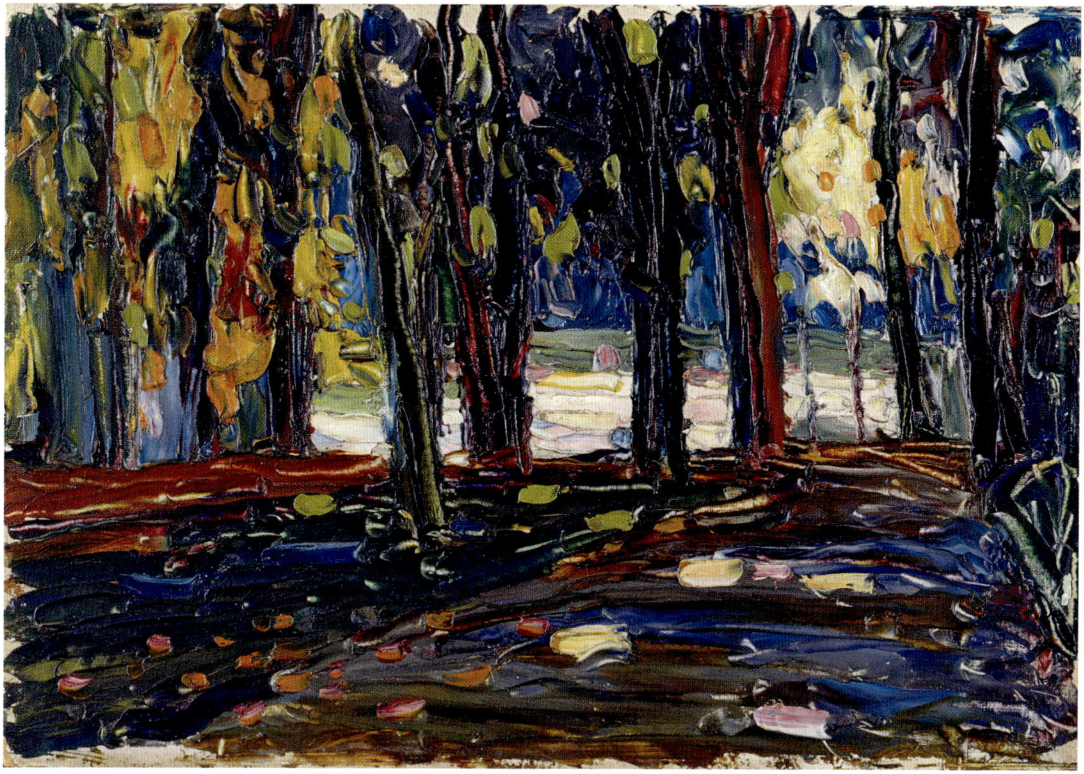

Wassily Kandinsky, *Im Park von St. Cloud – Herbst II*, 1906, Städtische Galerie im Lenbachhaus und Kunstbau, München

in der immer noch bestehenden Ehe von Kandinsky mit seiner Cousine Anna begründet war. Von Dezember 1904 bis April 1905 bereisten sie Tunesien, danach wohnten sie in Dresden. Es gab immer wieder Streit, da Münter verhältnismäßig emanzipiert war, während Kandinsky die Dinge aber noch eher seiner Zeit gemäß sah: »Ich habe deinen Besitz mit meiner Seele bezahlt, vielleicht teilweise mit meinem Leben. Und du gehörst mir.« Den Winter verbrachten sie in München und reisten 1906 nach Rapallo, was Münter als ihre schönste gemeinsame Zeit in Erinnerung bleiben sollte. Ab Juni 1906 war das Paar in Paris, wo Münter hauptsächlich in der Stadt wohnte und Kandinsky eine Wohnung im Vorort Sèvres bezog. Hier in Paris hatte sie Kontakt zu Gertrude Stein und lernte die Werke von Braque, Picasso, Matisse und anderen kennen. Malerisch entwickelten sich beide in dieser Zeit nur wenig. Münter beschäftigte sich unter anderem mit Holz- und Linolschnitt und beide sammelten Erfahrungen im neoimpressionistischen Stil. Sowohl 1906 als auch 1907 stellten sie im Salon d'Automne aus, wofür sie positive Kritiken erhielten. Im Herbst 1907 kamen sie zurück nach Deutschland, wo Münter in Köln achtzig Gemälde in ihrer ersten Einzelausstellung zeigte.

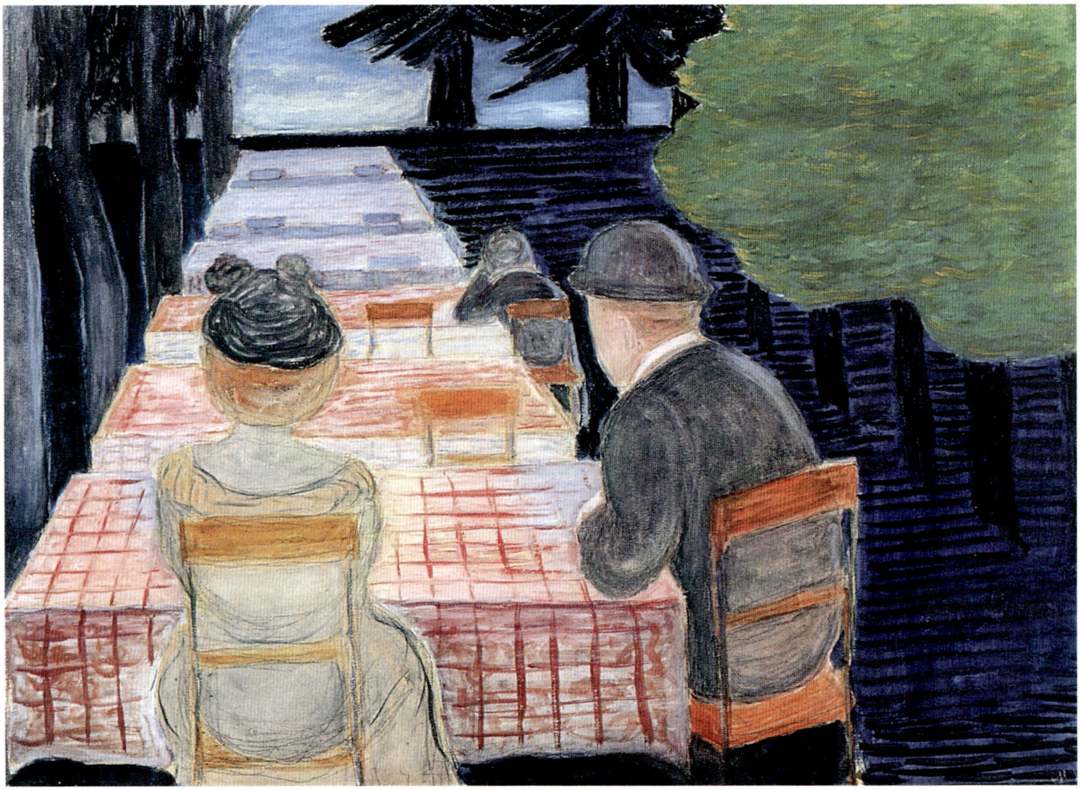

Marianne von Werefkin, *Sonntagnachmittag*, 1908, Museo Comunale d'Arte Moderna Ascona

1906 reiste die kleine »Familie« Werefkin-Jawlensky mitsamt Hausmädchen und Sohn gemeinsam durch Frankreich. Elf Monate waren sie von der Bretagne über Paris bis nach Südfrankreich unterwegs, wo sie die Werke der aktuellen Erneuerer der Malerei, wie van Gogh und Gauguin, sowie auch die des Norwegers Edvard Munch (1863–1944) sahen. Offensichtlich bewirkte diese lange Begegnung mit der modernen Kunst bei Werefkin einen Inspirationsschub und entfachte neue Lust zu malen: Nach zehn Jahren Abstinenz nahm sie die Pinsel wieder in die Hand. »Schon bei dem Gedanken, was ich die letzten zehn Jahre gemacht habe, sträuben sich Haare. Der Glaube an mich selbst fehlte, ich wollte mit fremden Händen schaffen. Aber jetzt, spät, spät, spät es scheint unmöglich, die verlorene Zeit aufzuholen. Ein Leben ist viel zu wenig für die Dinge, die ich in mir spüre.« Die Verzweiflung ist verständlich, denn immerhin war sie inzwischen Mitte vierzig. Zurück in München war sie ständig mit dem Skizzenbuch unterwegs, zeichnete das Nachtleben, machte humorvolle Beobachtungen und experimentierte viel. Es entstanden erste neue Gemälde, in denen sie ihre theoretischen Ideen der letzten Dekade verarbeitete. Den Neoimpressionismus, mit dem sich ihre Freunde noch auseinandersetzten, übersprang sie und malte unter dem Motto »Die Kunst der Zukunft ist die reine Emotion«. Edvard Munch war dabei ein wichtiger Einfluss (siehe Seite 60).

Ebenfalls zurück in München und erleichtert durch Kandinskys Scheidung, verbrachten er und Gabriele Münter die Sommerwochen 1908 mit Werefkin und Jawlensky in Murnau und Umgebung und malten gemeinsam.

DIE SOMMER IN MURNAU

Hier im beschaulichen Murnau am Staffelsee scheinen die Erfahrungen, die die vier Künstlerinnen und Künstler auf ihren ausgedehnten Reisen machten, plötzlich Früchte zu tragen. Befreit von den Zwängen der realistischen Gegenstandsbeschreibung und der flirrenden Auffassung des Impressionismus, der sich vor allem mit der Sichtbarkeit von Farbe beschäftigt, wandelt sich ihr Schaffen zu einer Kunst des Ausdrucks ihrer Gefühlswelt durch den freien Umgang mit der Farbe, die – in Anlehnung an van Gogh und Matisse – nicht mehr die Dinge, sondern die Gefühlwelt beschreiben soll – also nicht mehr Impression, sondern Expression.

Gabriele Münter begeisterte sich in dieser Zeit auch für die volkstümliche Hinterglasmalerei, die in Böhmen und Bayern eine bereits über hundertjährige Tradition hatte. Geprägt ist diese Kunst von prinzipieller Formvereinfachung und klaren, unvermischten Farben, die durch die Hinterglastechnik noch leuchtender wirken. Typisch sind auch die schwarzen Umrisszeichnungen und Konturen, die die Formen begrenzen (siehe Seite 54). Die bayerischen Hinterglasbilder erinnerten Kandinsky, der sich ebenfalls leidenschaftlich damit befasste, an die russische Volkskunst, vor allem der überwiegend religiösen Motive und Symbolik wegen. Jawlensky nutzte diese Technik nicht, ebenso wenig wie Werefkin, die die einzige der

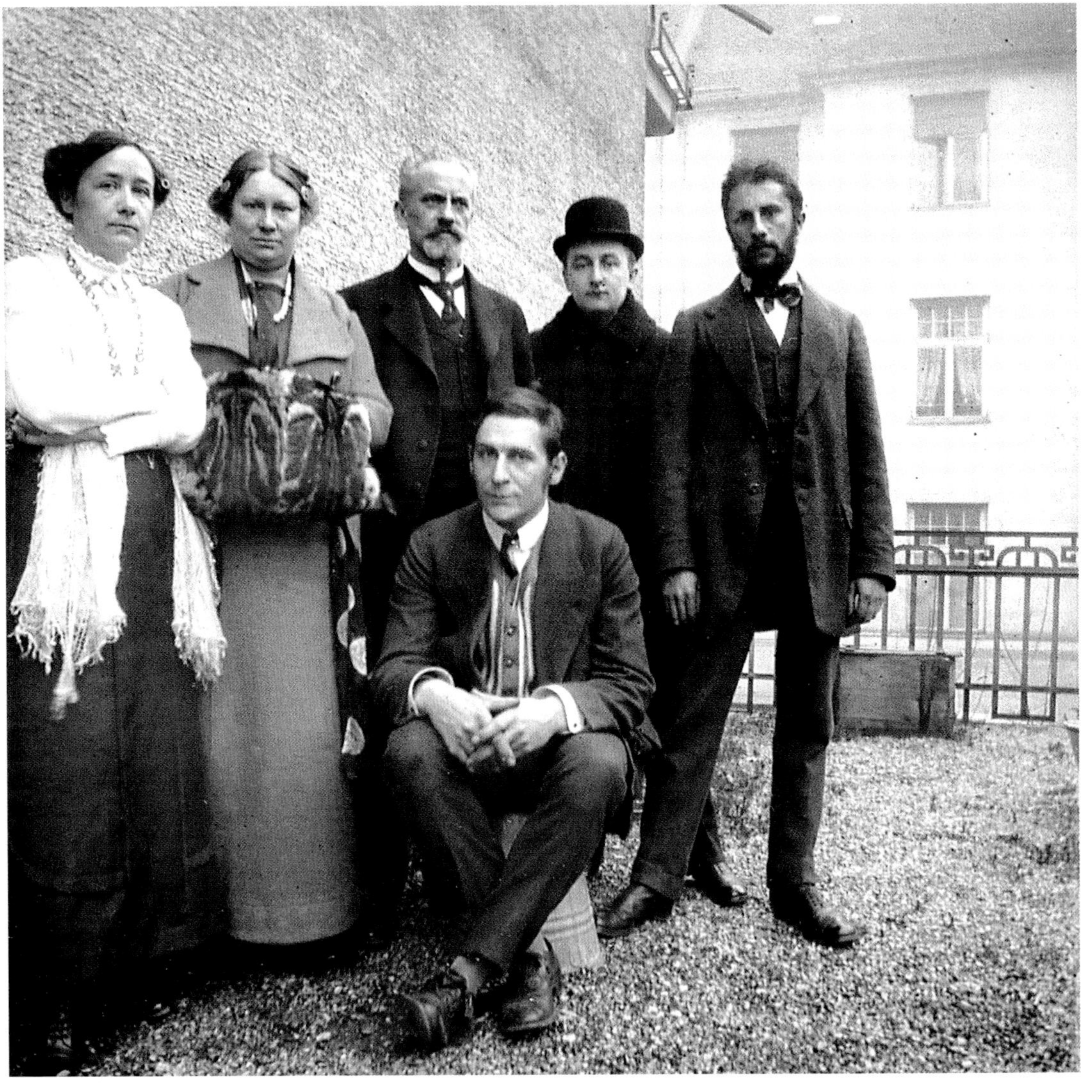

Wassily Kandinsky, *Mitglieder des Blauen Reiters auf dem Balkon der Ainmillerstraße 36, München*, 1911.

Von links: Gabriele Münter, Maria Marc, Bernhard Koehler sen., Thomas von Hartmann, Heinrich Campendonk, sitzend: Franz Marc, Gabriele Münter- und Johannes Eichner-Stiftung, München

kleinen Gruppe war, die sich in ihren Bildern nicht nur der Natur und privaten Stillleben widmete, sondern auch die Welt der Arbeiter thematisierte und das verschiedentliche Ausgeliefertsein der menschlichen Existenz in ihre Werke holte (siehe Seite 60). Gabriele Münter hingegen klammerte, ebenso wie schon die Impressionisten, die Widrigkeiten der Welt in ihren Bildern aus und beschäftigten sich lieber mit ihren eigenen Gefühlen und künstlerischen Problemen. Sie notierte in ihrem Tagebuch: »Ich habe nach einer kurzen Zeit der Qual einen großen Sprung gemacht – vom Naturabmalen – mehr oder weniger impressionistisch – zum Fühlen des Inhalts – zum Abstrahieren – zum Geben eines Extraktes.« Diesen »Sprung« kann man tatsächlich bei allen vieren beobachten.

Im August 1909 gingen Münter und Kandinsky noch einen Schritt weiter: Gabriele Münter kaufte von ihrem Erbe ein Haus in Murnau, das sie gemeinsam mit Kandinsky nicht nur bewohnte, sondern auch mit volkstümlichen Motiven ausschmückte und bemalte (siehe Seite 108).

In diesen zwei Jahren entwickelten die vier das, wofür der Blaue Reiter später bekannt, berühmt und bis heute beliebt wurde: Formvereinfachung, Farbe nicht als Gegenstandsbeschreibung, sondern als Gefühlsausdruck, Reduzierung der Ge-genstände auf fast geometrische Formen und Abstraktion, die allerdings Kandinsky als Einziger konsequent weitertrieb und zu seinem eigentlichen künstlerischen »Markenkern« machte (siehe Seiten 28ff.). »Es war eine schöne, interessante, freudige Arbeitszeit mit viel Gesprächen über Kunst mit den begeisterten Giselisten«, schrieb Gabriele Münter 1911 in ihr Tagebuch.

AUGUST MACKE UND FRANZ MARC

Das Jahr 1910 fing für Franz Marc (1880–1916) überraschend an und dürfte wohl sein bisher turbulentestes gewesen sein. Im Januar kamen die beiden jungen Maler August Macke (1887–1914) und sein Cousin Helmuth Macke (1891–1936) mitsamt Augusts Schwiegerneffen, Bernhard Koehler Junior, aus Tegernsee nach München und besuchten die Galerie Brakl in der Goethestraße, wo sie von Bildern eines ihnen unbekannten Malers so begeistert waren, dass sie ihn am besten gleich kennenlernen wollten. Gesagt getan, standen sie noch am selben Tag im Atelier in der Schellingstraße, »das zu betreten uns der davor liegende Russi [Marcs Hund] zunächst verwehrte (siehe Seite 64). Doch dann gaben wir uns einen Ruck und traten ein. Da sahen wir zuerst [...] den Toten Spatz [ein Gemälde], der uns besonders berührte [Bernhard Koehler].« Helmuth Macke erzählte: »Mein Vetter erklärte kurz und leise lächelnd, wie das immer seine Art war, den Anlass unseres Besuches und dass wir Rheinländer wären. Eine sonore freundliche Stimme mit leicht bayrischem Akzent antwortete ebenso freundlich [...]. Marc selbst hatte sich auf einen altväterlichen Rohrstuhl gesetzt und war entschieden selber das Interessanteste in seiner Umgebung. Er sprach lebhaft, mit leichten Handbewegungen dozierend, mit gefälliger Gewandtheit im Ausdruck.« Die Idee, Franz Marc aus der eben gesehenen Ausstellung heraus sofort zu besuchen, hatte unerwartete Auswirkungen auf die jungen Künstler und letztlich auch auf die Geschicke der folgenden Jahre. Marc selbst war über diesen spontanen Besuch sehr erfreut und ahnte offenbar, dass er bedeutend für ihn sein würde, denn er schrieb noch am selben Tag an seine Freundin und zukünftige Frau Maria Franck: »Vor der Thüre stehen drei sehr junge und ziemlich elegante Herren. Fragen nach mir […]. Die drei Herren sind Maler, und Cézanne ist ihr Gott. Und der Vater des einen hat eine berühmte Sammlung von van Gogh, Cézanne, Maillol, etc. Die drei machten auch einen mehr als vermögenden Eindruck. Haben sich alles angesehen. Über die Urteilsfähigkeit kenne ich mich noch nicht so ganz aus. […] Sie kennen natürlich Paris und die Sammlungen dort genau; der eine, Herr Macke, ist aus Bonn. Vielleicht finde ich hier einen Kreis von intelligenten Malern; […]. Die Verbindung mit dem Berliner Herren […] ist auch vielleicht aussichtsreich. Jedenfalls weht in diesem Kreis eine andere Luft. Aber keine Spur von Boheme, – das Gegenteil, Tiptop.«

Und Marc behielt recht. Nicht nur fand er intelligente Maler – oder richtiger sie ihn –, sondern auch die Verbindung mit dem »Berliner Herren« Bernhard Koehler Junior (1882–1964) wurde entscheidend. Denn dieser war der Sohn des Unternehmers und Kunstsammlers Bernhard Koehler (1849–1927), dem Schwiegeronkel und Unterstützer August Mackes. Macke, sieben Jahre jünger als Marc, lebte mit seiner Frau Elisabeth, der Nichte Koehlers, seit Oktober 1909 in Tegernsee, unweit von München.

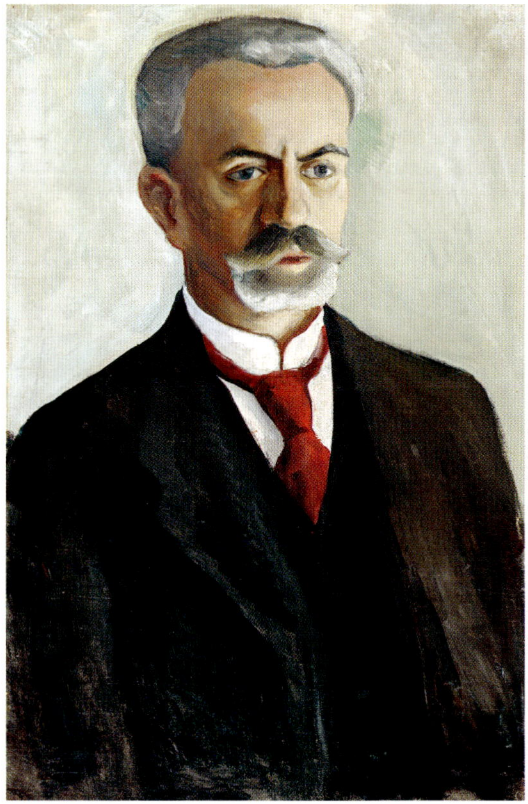

August Macke, *Bildnis Bernhard Koehler*, 1910, Städtische Galerie im Lenbachhaus und Kunstbau, München

August Macke hatte die Schule früh verlassen und war 1904 auf die Königliche Kunstakademie in Düsseldorf gegangen, die seinen Interessen allerdings nicht genügte, weswegen er sich 1905 an der Kunstgewerbeschule Düsseldorf einschrieb. Auf einer für die damaligen Künstler nicht unüblichen Reise ins Mekka der Kunst, Paris, lernte er den Impressionismus aus erster Hand kennen. Natürlich kannte er Werke der Impressionisten aus Büchern, allerdings war es etwas absolut anderes, diese Bilder in voller Größe und in Farbe zu sehen. Frisch inspiriert, besuchte Macke Kurse bei dem Berliner Impressionisten Lovis Corinth und verließ die Akademie. Es folgten Reisen nach Italien und wieder Paris, wo er Werke der Fauves und der Futuristen um Umberto Boccioni (1882–1916) kennenlernte. Danach zog er in das oberbayerische Tegernsee, und nun stand er in Marcs Atelier. August Macke und Franz Marc hatten sofort einen guten Draht zueinander und – nicht zu unterschätzen – auch die beiden Damen an ihrer Seite verstanden sich prächtig und sollten nach dem frühen Tod der Männer zeitlebens befreundet bleiben.

Franz Marc war bis zu dieser Zeit nicht sonderlich erfolgreich mit seiner Kunst, die noch traditionell naturalistisch geprägt war. Marc, dessen Vater ebenfalls Maler war, hatte zunächst überlegt, einen geistlichen Beruf zu ergreifen, wählte dann allerdings ein Philologiestudium. Während seines einjährigen Militärdienstes entschied er sich schließlich doch für die Malerei und schrieb sich 1901 an der Münchner Akademie ein. 1903 unternahm er mit einem Freund eine ausgedehnte Reise durch Frankreich, wobei es ihm sehr zupass kam, dass er durch seine elsässische Mutter zweisprachig aufgewachsen war. Nach monatelangen Aufenthalten in der Bretagne, der Normandie und schließlich in Paris, verließ er, enttäuscht vom konservativen Unterricht, die Kunstakademie. 1904 richtete er sein erstes Atelier in München ein und hatte einige wenige Grafikaufträge. 1905 lernte er die Kunststudentin Maria Franck (1876–1955; siehe Seite 80) und ein Jahr darauf die elf Jahre ältere Malerin Marie Schnür an der Damenakademie kennen, an der sie und Marc unterrichteten. Im Sommer desselben Jahres arbeitete Marc in Kochel am See, wo er schon mit seinen Eltern regelmäßig die Ferien verbracht hatte. Er blieb nicht lange allein, denn ihm folgten Marie Schnür und Maria Franck, woraufhin eine Ménage-à-trois entstand. Im Februar 1910 fand Marcs erste Einzelausstellung mit 31 Gemälden sowie Lithografien und Gouachen statt. Schon vor der Eröffnung kam der Berliner Sammler Bernhard Koehler Senior nach München, um den jungen Maler kennenzulernen.

Im April 1910 beschloss Marc mit Maria Franck nach Sindelsdorf, in der Nähe von Kochel, aufs Land zu ziehen. Im Speicher des Hauses, den er schon im Vorjahr als Atelier genutzt hatte, entstanden in den folgenden Jahren viele seiner wichtigsten Werke. Seine Atelierwohnung in der Münchner Maxvorstadt gab er ganz auf. Ende April besuchte er Koehler in Berlin, wo die beiden eine Vereinbarung trafen, nach der der Berliner Sammler dem Münchner Maler ein monatliches Fixum von 200 Mark zahlte, das sie mit Bildverkäufen verrechneten. So wurde der Schwiegeronkel August Mackes in den kommenden Jahren zum großzügigen Unterstützer des Blauen Reiters. Für Franz Marc bedeutet diese Vereinbarung zwar keinen Reichtum, aber ein deutlich sorgenfreieres Arbeiten.

Und so überraschend das Jahr 1910 für Marc war, 1911 wurde an Ereignissen keineswegs ärmer. Im Januar kam Koehler nach Sindelsdorf, um die neuen Bilder Marcs zu sehen, der daraufhin begeistert an Franck schreibt: »[...] es steht glänzend! [...] Dann zu mir, wo es ihm außerordentlich zu gefallen schien; dann der Speicher!! Er war platt; konnte es auch schwer verbergen und sprach sich nachher zu Helmuth ganz begeistert aus; solche Riesenschritte in der Entwicklung in kaum einem Jahr! Es schien ihm unerhört!« Das hatte für Marc natürlich auch finanziell positive Folgen, da er mit Koehler einen begeisterten und finanzkräftigen Mäzen gefunden hatte: »Mit diesem Tage ist, glaube ich, auch meine nächste pekuniäre Zukunft gesichert.«

DIE NEUE KÜNSTLERVEREINIGUNG MÜNCHEN (NKVM)

Nachdem das gemeinsame Malen im bayerischen Voralpenland im Sommer 1908 und 1909 sowohl bei Münter und Kandinsky als auch bei Werefkin und Jawlensky gleichsam einen künstlerischen Knoten gelöst zu haben scheint und alle zu neuen Ausdrucksmöglichkeiten und Qualitäten gefunden hatten, regten sich schon wieder die Organisationstalente von Werefkin und Kandinsky. Sie gründeten 1909 die Neue Künstlervereinigung München (NKVM). Die vier »Murnauer« gewannen rasch etwa ein Dutzend Künstlerinnen und Künstler als Mitglieder, die sich auch aus Werefkins Bruderschaft von Sankt Lukas rekrutierten. Alfred Kubin, Alexander Sacharoff, Erma Bossi, Adolf Erbslöh und andere kamen dazu. Das Ziel war, ähnlich wie bei Kandinskys Phalanx, Ausstellungen im In- und Ausland zu organisieren, um die neu erarbeiteten Ausdrucksmöglichkeiten zu präsentieren. Kandinsky ergänzte die Satzung um ein sogenanntes Gründungszirkular, das die programmatische Richtung der neuen Gruppe wenn nicht definieren, so zumindest umreißen sollte: »Wir gehen aus von dem Gedanken, dass der Künstler außer den Eindrücken, die er von der äußeren Welt, der Natur erhält, fortwährend in einer inneren Welt Erlebnisse sammelt; und das Suchen nach künstlerischen Formen, welche die gegenseitige Durchdringung dieser sämtlichen Erlebnisse zum Ausdruck bringen sollen – nach Formen, die von allen Nebensächlichkeiten befreit sein müssen, um nur das Notwendige stark zum Ausdruck zu bringen –, kurz – das Streben nach künstlerischer Synthese, dies scheint uns eine Losung, die gegenwärtig wieder immer mehr Künstler geistig vereinigt.« Im Dezember 1909 fand die erste Ausstellung in der Münchner Modernen Galerie Thannhauser statt, in der 128 Werke präsentiert wurden. Die Kritiken waren, wie wohl zu erwarten war, spärlich und negativ. Von »finsteren Zeichen einer quälend unfreiwilligen Komik jener Art herzbrechender Lächerlichkeit« war die Rede. Vom Publikum selbst vernahm man wenig, weil es kaum anwesend war.

Für die zweite Ausstellung im September 1910 schrieb Kandinsky erneut programmatisch erklärende Zeilen, die die Kritiker offensichtlich nicht lasen oder nicht verstanden: »Keiner von uns

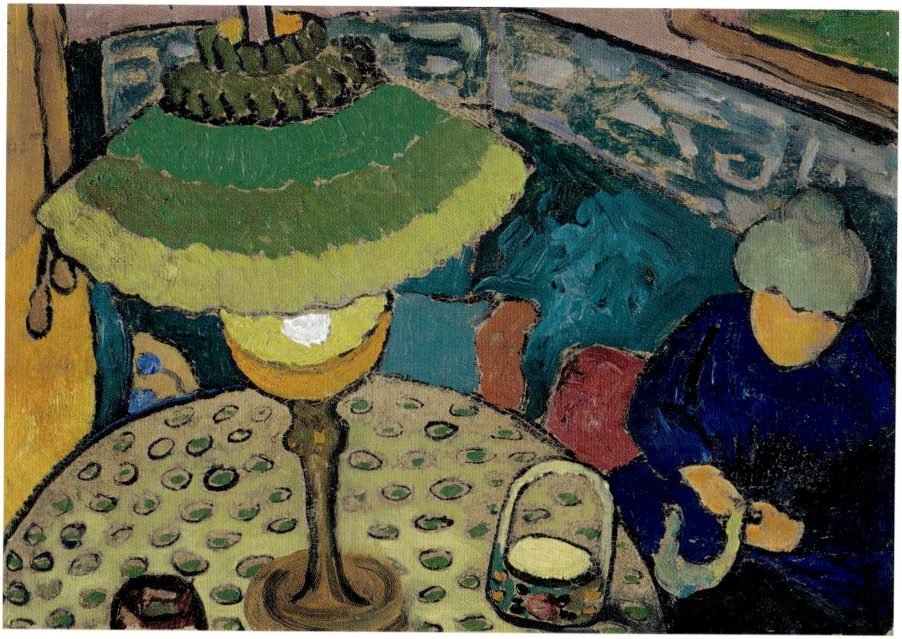

Erma Bossi, *Interieur mit Lampe*, 1909, Städtische Galerie im Lenbachhaus und Kunstbau, München

versucht die Natur direkt wiederzugeben oder ihre äußeren Schönheiten irgendwie *malerisch* zu behandeln. [...] Da wir suchen, die *innere* Natur, d.h. *Seelenerlebnisse*, in künstlerischer Form zu fassen, so wäre es irrtümlich, unsere Arbeiten mit dem Maßstab der *äußeren* Schönheit zu messen. [...] Manche stellen sich direkt vor die Natur und ändern sie, dem seelischen Bedürfnis folgend (Jawlensky, Münter, Erbslöh). Andere behandeln die Natur ebenso, haben sie aber gar nicht vor Augen im Moment der Arbeit (Werefkin, Bossi). Wieder andre machen Sachen, die sie größtenteils in realer Form nie gesehen haben (Kubin, Kandinsky).« Solche künstlerischen Ideen waren für ein konservatives Publikum wie das Münchner eine Steilvorlage für Häme und Nicht-Erscheinen.

Und so kam es schließlich auch. Namen wie Georges Braque und Pablo Picasso, deren Werke auch gezeigt wurden, hatten noch keinen bedeutenden Klang, weswegen auch sie nicht von der beißenden Kritik, die von »Stuß« und »Irrsinn« redete, verschont wurden. »Sie malen nicht nur die unausdeutbarsten Mysterien, sondern sie schreiben auch geheimnisvolle Dinge über ihre Kunst. [...] Gottlob ist das deutsche Publikum [...] so vernünftig und lacht aus vollem Halse über diese Maler, die sich so grenzenlose Mühe geben, unnatürlich zu sein und wahnsinnige Bilder herzustellen.« Vorbehalte gegen ausländische, vor allem französische Teilnehmer wurden deutlich formuliert: »[Sie sehen], dass die deutsche Kunst ganz auf den Hund gekommen ist und nur noch an dem Abfall der französischen sich inspiriert.« Kandinsky beschrieb die Ausstellung später wie folgt: »Der Galeriebesitzer beklagte sich, dass er nach jeder täglichen Schließung die Bilder abtrocknen müsste, weil das Publikum sie angespuckt hätte. [...] Um den Ruf der bayerischen Bewohner

Münchens zu retten, füge ich an, dass sich nicht eine Stimme erhob, um die Ausstellung zu verteidigen. [...] Aber da war doch eine rein bayrische Stimme. Sie kam plötzlich aus einem kleinen Dorf Oberbayerns. Franz Marc [...].«

August Macke besuchte die Ausstellung gleich nach der Eröffnung und schrieb begeistert an seinen Freund Franz Marc in Sindelsdorf: »Diese Woche war ich in München und lernte dort bei Thannhauser die ganze neue Künstlervereinigung kennen, Jawlensky – Kandinsky etc. Für München sind die Leute sehr, sehr gut. Es hat mich interessiert.« Franz Marc fuhr nach München und verfasste eine flammende Verteidigung seiner ihm noch unbekannten Kollegen und zukünftigen Freunde, die er dem Galeristen zukommen ließ. »Was bei diesem Neuen, das die ›neue Künstlervereinigung‹ macht, uns so aussichtsreich erscheint, ist, dass ihre Bilder neben ihrem aufs höchste vergeistigten Sinn höchst wertvolle Exempel für Raumaufteilung, Rhythmus und Farbentheorie enthalten.« Besonders begeisterte sich Marc für Kandinskys Komposition: »Welche künstlerische Einsicht birgt dieser seltene Maler! Die große Konsequenz seiner Farben hält seiner zeichnerischen Freiheit die Waage – ist dies nicht zugleich eine Definition der Malerei?« Marc endet seine »Verteidigung« mit dem Satz: »Wer Augen hat, muss hier den machtvollen Zug der neuen Kunst sehen.«

Begeistert von Marcs Engagement, lud die NKVM ihn ein und er lernte Werefkin sowie Jawlensky und die anderen Künstler kennen. Helmuth Macke schildert die Kollegen folgendermaßen: »Es ist zu komisch, wenn ich daran denke, was wir uns in Düsseldorf von den Leuten für eine Vorstellung gemacht haben. Kerle mit langen Haaren und Läusen, extravagante Kleidung. Außergewöhnlich ist ihre Kleidung allerdings, aber höchst distinguiert. Einfach vornehm, die Kerle sehen aus wie geleckt. Später waren wir noch bei dem Herrn und Meister von Jawlensky. Ich hatte wieder denselben vorzüglichen Eindruck [...]. Besonders seine Cousine Fr. Marianne von Werefkin in ihrem Äußeren ein wahres Ungeheuer, aber sie scheint die Seele des ganzen Unternehmens zu sein« (siehe Seite 62). Erst an Neujahr 1911 lernte Marc schließlich auch Kandinsky und Münter bei Werefkin kennen. Das ist einer der Punkte in der Kunstgeschichte, wo zusammenkam, was zusammengehörte. Marc und Kandinsky hatten sofort ein tiefes Verständnis füreinander und für die Kunst des jeweils anderen. Wahrscheinlich lag das auch daran, dass beide missionarische, ja fast schon religiöse Züge in ihren Werken und der Art, darüber zu sprechen, an den Tag legten. Schon im Februar 1911 lud die NKVM Franz Marc ein, nicht nur Mitglied, sondern auch gleich dritter Vorsitzender zu werden. Der freute sich sehr, dass seine Zeit als Einzelgänger damit vorbei war: »Die Eigenbrödlerei habe ich satt; nun geht's gemeinsam.«

DIE REDAKTION DER BLAUE REITER – DER ALMANACH

»Nun! ich habe einen neuen Plan. Piper muß Verlag besorgen und wir beide – die Redakteure sein. Eine Art Almanach (Jahres-) mit Reproduktionen und Artikeln und Chronik!! d.h. Berichte über

Ausstellungen – Kritik [...] nur von Künstler stammend.« So kündigte Kandinsky Franz Marc seine Idee des Almanachs in einem Brief im Juni 1911 an (siehe Seite 78). Hier sollte alles zusammengeführt werden, was die Künstler für relevant hielten: Von altägyptischer und chinesischer Kunst über Picasso bis zu Kinderzeichnungen, Literatur und Musik. Franz Marc war gleich begeistert und die beiden sammelten Ideen. Es sollte laut Marc ein »Organ aller echten Ideen unserer Tage werden«. So entstand in den nächsten Monaten unter Mithilfe vor allem von Gabriele Münter, Maria Marc, Alexej von Jawlensky und Marianne von Werefkin ein epochemachendes Buch, das unter dem Namen *Der Blaue Reiter* veröffentlicht und bekannt werden sollte. »Den Namen ›Der Blaue Reiter‹ erfanden wir am Kaffeetisch in der Gartenlaube in Sindelsdorf; beide liebten wir Blau, Marc – Pferde, ich – Reiter. So kam der Name von selbst«, erinnerte sich Kandinsky. Gabriele Münter betrachtete dies später mit einem kritischeren Blick: »Wenn er seinem Sammelband den Namen ›Der Blaue Reiter‹ gab, so war es nichts anderes, als wenn er draufgeschrieben hätte: ›ich‹.« Passenderweise stehen im Impressum des Almanachs auch weder Gabriele Münter noch Maria Marc oder die Mackes, die im Herbst dazustießen, sondern nur Marc – und eben Kandinsky.

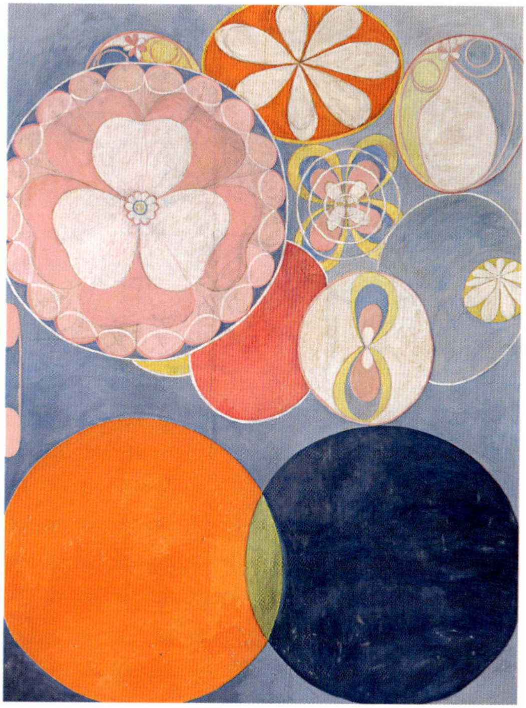

Hilma af Klint, *Die zehn Größten, Nr. 2, Kindheit*, 1907, Moderna Museet, Stockholm

Der Almanach bot viel Neues: Er richtete sich ausdrücklich nicht an elitäre Kunstkenner, sondern wollte die Kunst allen »vom Prinzen bis zum Handwerksburschen« nahebringen. Und das genre- und gattungsübergreifend, in einem Pluralismus und einer Internationalität, die es so auch noch nicht gegeben hatte. Das Gute für die Leserschaft: Es gibt viel zu sehen, viel zu lesen und man hat reichlich Stoff zum Grübeln, was das alles bedeuten soll, auch wenn vieles davon etwas undurchschaubar und nicht wirklich in letzter Konsequenz verstehbar wirkt. Aber, wie Kandinsky es ausdrückte: »Gegensätze und Widersprüche, das ist unsere Harmonie.«

DER WEG IN DIE ABSTRAKTION

Die Kunst befand sich um die Jahrhundertwende in einem permanentem Veränderungsprozess. In den Werken der Avantgarde löste das *Wie* das *Was* weitgehend ab. Dieser Weg in die Abstraktion ist der kunsthistorisch bedeutende Schritt des Blauen Reiters, der die Kunst in eine neue Richtung geführt hat.

Es gibt in der Malerei zwei Arten von Abstraktion. Die eine ist die allmähliche Veränderung des Gegenstandes durch Aufsplitterung, Vielansichtigkeit, prismatische Darstellung und Chiffrierung. Der Gegenstand wird bis zur »Unkenntlichkeit« künstlerisch verarbeitet und ist nur mehr als Verweis auf sein eigentliches Sein bzw. seine Gestalt im Bild vorhanden. Das ist die Art, wie er im Kubismus von Braque und Picasso oder im Orphismus von Robert Delaunay umgesetzt wurde – eher ein Abstrahieren vom Gegenstand, der aber in dieser Art von Malerei letztlich immer präsent und wesentlich bleibt. Die andere Art der Abstraktion ist die Malerei ohne Hinweis auf Gegenständliches, sondern als Ausdruck von Ideen, Gefühlen, Ahnungen, Glauben und Ähnlichem, also von geistigen, intellektuellen Begrifflichkeiten, die auch außerhalb der Kunst kein gegenständliches Pendant haben. Auf das Bild gebracht durch Farben, Formen und Linien, die sich im Gegensatz zum »gegenständlich Abstrakten« nicht auf die Dingwelt beziehen (lassen). Die Farbe spielt hier eine zentrale Rolle. Vincent van Gogh (1853–1890) hat sie bzw. ihre Aufgabe in der Malerei neu interpretiert. Für ihn diente sie nicht mehr nur der reinen Gegenstandsbeschreibung, »denn statt genau wiederzugeben, was mir die Augen zeigen, bediene ich mich der Farbe eigenmächtiger, um mich stark auszudrücken« (siehe Seite 29). Auch Paul Gauguin (1848–1903) sah die Aufgabe der Farbe ähnlich neu: »Warum sollten wir nicht dazu gelangen, Farbharmonien zu schaffen, die unserem seelischen Zustand entsprechen?«

Die Farbe als Spiegel seelischer Zustände – zu diesem Gedanken kam Wassily Kandinsky schon 1895 in Moskau, als er einer Aufführung der Oper *Lohengrin* von Richard Wagner beiwohnte. »Ich konnte alle meine Farben sehen, es wurde mit bewusst, dass die Malerei die gleiche Macht wie Musik besitzt.« Die Idee, durch reine malerische Sprache beim Publikum ähnlich wie durch Musik Gefühle auszulösen, hatte sich in Kandinsky festgesetzt. Ein anderes, sehr einflussreiches Erlebnis hatte er, als er eines von Monets »Heuhaufen-Gemälden« in Moskau sah (siehe Seite 30): »Vorher kannte ich nur die realistische Kunst [...]. Und plötzlich zum ersten Mal sah ich ein BILD. Dass es ein Heuhaufen war, belehrte mich der Katalog. Erkennen konnte ich ihn nicht. Dieses Nichterkennen war mir peinlich. Ich fand auch, dass der Maler kein Recht hatte, so undeutlich zu malen. Ich empfand dumpf, dass der Gegenstand in diesem Bild fehlt. [...] Was mir aber vollkommen klar war – das war die ungeahnte, früher mir verborgene Kraft der Palette, die über alle meine Träume hinausging. Die Malerei bekam eine märchenhafte

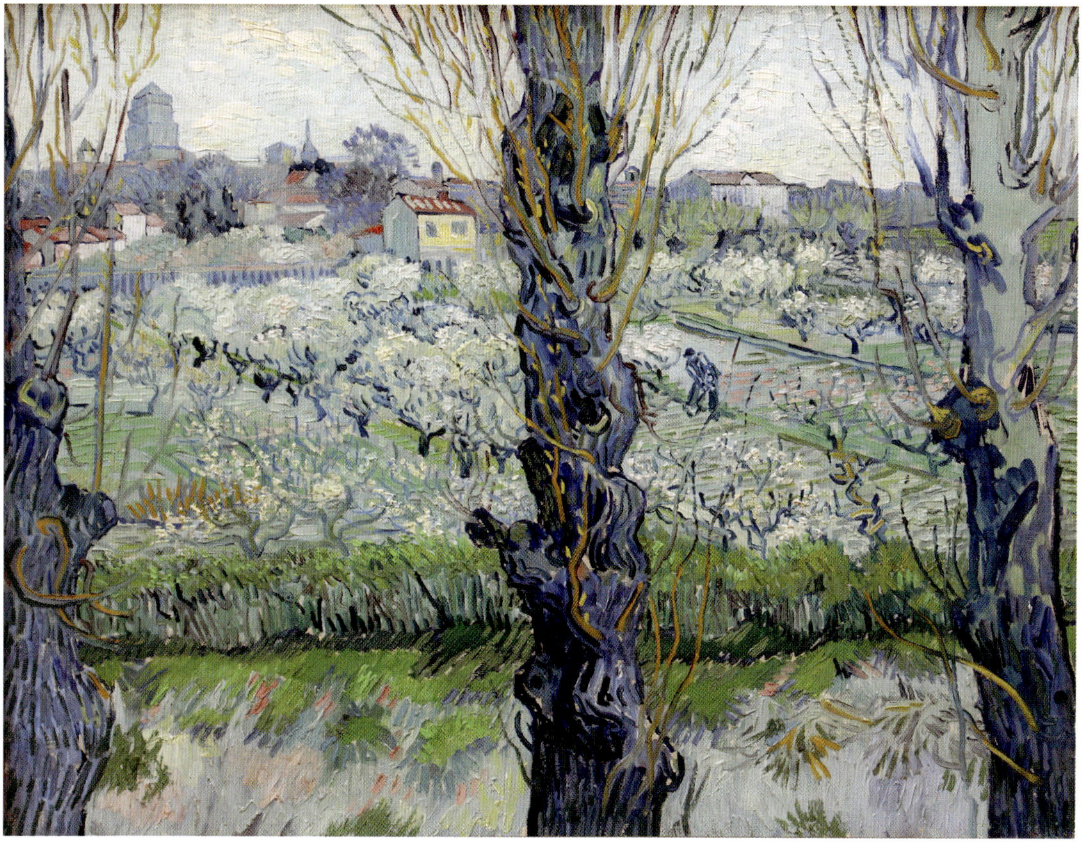

Vincent van Gogh, *Blick auf Arles*, 1889, Neue Pinakothek, München

Kraft und Pracht. Unbewusst war aber auch der Gegenstand als vermeintliches Element des Bildes diskreditiert.« So beschreibt Kandinsky die beiden einschneidenden Erlebnisse in seinen *Rückblicken*.

Wie sich »reines Gefühl« in Malerei umsetzen ließ, war ihm allerdings noch nicht klar. Man kann heute kaum nachvollziehen, warum Kandinsky sich nicht einfach die Freiheit genommen hat, »drauflos zu malen« und warum diese Grenze so schwierig zu überwinden war (siehe Seite 33). Doch Bilder zu malen, auf denen nichts Wiedererkennbares dargestellt ist, war zu Beginn des 20. Jahrhunderts noch fast undenkbar. In dieser Phase des Suchens kam Kandinsky ein Zufall zu Hilfe. Er betrat eines Abends sein Münchner Atelier und erblickte dort ein »unbeschreiblich schönes, von einem inneren Glühen durchtränktes Bild, [...] auf dem ich nichts als Formen und Farben sah und das inhaltlich unverständlich war«. Er erkannte schnell, dass es eines seiner eigenen Bilder war, dass allerdings auf dem Kopf stand. Am nächsten Morgen versuchte der Maler, den Eindruck vom Vorabend wieder auf dem jetzt

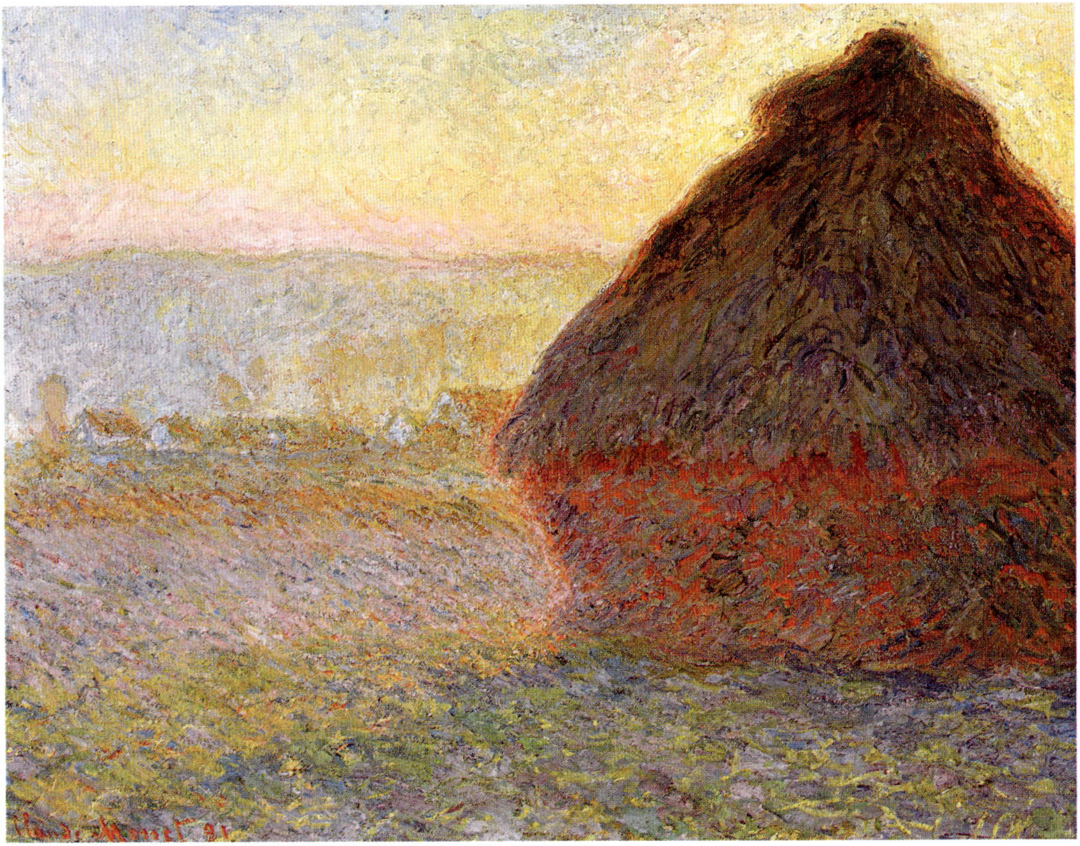

Claude Monet, *Heuhaufen (Sonnenuntergang)*, 1891, Museum of Fine Arts Boston

richtig herum stehenden Bild zu entdecken, was ihm allerdings nicht gelang: »[…] auch auf der Seite erkannte ich fortwährend die Gegenstände […]. Ich wusste jetzt genau, dass der Gegenstand meinen Bildern schadet.« Was er allerdings nicht wusste, war, was den »Gegenstand« ersetzen sollte.

Kandinsky war weder der Erste noch der Einzige, der auf den Gedanken kam, den Gegenstand an sich aus den Bildern zu verbannen. Ab 1906 schuf beispielsweise die schwedische Malerin Hilma af Klint (1862–1944), die wie Kandinsky von Okkultismus, Spiritismus und Theosophie beeinflusst war, eine Vielzahl abstrakter Gemälde mit Farbkreisen und amorphen Gebilden (siehe Seite 27). Allerdings bekam diese Bilder fast niemand zu sehen, denn die Künstlerin verfügte, dass sie erst zwanzig Jahre nach ihrem Tod öffentlich gezeigt werden dürften. Abstraktion war auch unter Kritikern und Kunsthistorikern ein diskussionswürdiges Thema, es schien allerdings, als sei Kandinsky der einzige Maler, der seine Ideen theoretisch unterfütterte. Er schrieb schon länger an seinem Werk *Über das Geistige in der Kunst*, das 1912 erschien und in dem er seine Theorien und seinen Weg in die Abstraktion schildert. Aber die Grenze zur ausschließlichen Arbeit mit Farben und Formen konnte er noch nicht überwinden; immer wieder kam er von seinen Ausflügen in die Abstraktion in die Welt des Gegenständlichen zurück und zeigte Häuser, Boote, Berge und Reiter, die jedoch zusehends zu Chiffren wurden. Er scheute sich offenbar, quasi »ohne Begründung« abstrakt zu malen. »Wenn wir schon heute anfangen würden, ganz das Band, das uns mit der Natur verknüpft, zu vernichten, mit Gewalt auf die Befreiung loszusteuern und uns ausschließlich mit der Kombination von reiner Farbe und unabhängiger Form zu begnügen, so würden wir Werke schaffen, die wie eine geometrische Ornamentik aussehen, die grob gesagt, einer Krawatte, einem Teppich gleichen würden.«

Schon bei Cézanne und den Kubisten war es für das Publikum durchaus hilfreich, etwas über die Ideen hinter den Bildern und deren Malweise zu wissen. Das gilt umso mehr für Kandinskys Werke. Um sie tatsächlich zu entschlüsseln, bedarf es der »Mitarbeit« der Betrachterinnen und Betrachter, die, wie der Künstler selbst, zunächst »Kenntnisse in der abstrakten Sprache« sammeln müssen, um das »Was« seiner Kunst erfassen oder gar verstehen zu können. »Dieses Was ist der Inhalt, welchen nur die Kunst in sich fassen kann, und welchen nur die Kunst zum klaren Ausdruck bringen kann durch die nur ihr gehörenden Mittel.« Für Kandinsky zählte das »Geistige in der Kunst«, das in der Kunst selbst liegt und gerade deswegen so schwer oder eigentlich gar nicht erklärbar ist. Kandinsky selbst konstatierte in seinen *Rückblicken*, dass es nur wenige sein werden, die ihm »tatsächlich« folgen können, so wenige wie »Goldkörner im Sand«.

Kandinsky gelang es schließlich, die Grenze zur Abstraktion zu überwinden und alles Gegenständliche aus seinen Bildern zu verbannen. Und wie oft bei Grenzüberschreitungen dauert es eine Weile, bis anderen merken, dass die Grenze gefallen ist und sie folgen können.

DIE AUSSTELLUNGEN

»So meine Herren, jetzt verlieren wir die beiden würdigsten Mitglieder, dazu ein wunderbares Bild und wir selbst werden bald Schlafmützen auf dem Kopf haben.« Das war Werefkins Reaktion auf den Austritt Kandinskys und Marcs aus der NKVM. Während der Besprechung zur dritten Ausstellung der NKVM, die im Dezember 1911 stattfinden sollte, kam Unmut über ein Gemälde Kandinskys auf: *Komposition V. (Das Jüngste Gericht)* (siehe Seite 76). Eigentlich hatten alle Mitglieder bei den Ausstellungen das Recht, zwei Werke juryfrei zu hängen, Kandinskys Gemälde war aber zu groß. Er selbst hatte auf einen Paragrafen bestanden, der die Größen beschränkte, und nutzte diese Klausel nun, um seinen und Marcs bereits geplanten Austritt aus der NKVM zu vollziehen. Es kam zu heftigen Diskussionen, die fast in Handgreiflichkeiten ausarteten. Dann stiegen Kandinsky, Marc und Münter aus, ihnen folgten Kubin und ein paar andere. Werefkin und Jawlensky verließen die

NKVM zu diesem Zeitpunkt noch nicht, aus Loyalität anderen Mitgliedern gegenüber, waren aber inhaltlich unverrückbar auf der Seite Kandinskys und Marcs.

Offensichtlich hat Kandinsky diese Diskussion bewusst in Kauf genommen, um den Austritt aus der NKVM effektvoll zu inszenieren. Es gab schon seit der Arbeit am Almanach immer wieder Meinungsverschiedenheiten und Konflikte um die künstlerische Ausrichtung, vor allem wegen seiner abstrakter werdenden Bilder. Jahre später erklärte Kandinsky, dass er mit Franz Marc zu diesem Zeitpunkt schon längst eine alternative Ausstellung geplant hatte: »Da wir beide den Krach schon früher witterten, hatten wir eine andre Ausstellung vorbereitet.«

Wie genau sie wohl schon vorbereitet war, kann man an den Daten erkennen: Vom 18. Dezember 1911 bis zum 1. Januar 1912 fand die Ausstellung der NKVM statt, die Diskussionen um *Komposition V.* und der Austritt Anfang Dezember. Am 18. Dezember, am selben Tag wie die Ausstellung der NKVM, wurde *Die erste Ausstellung der Redaktion Der Blaue Reiter* eröffnet. Und das auch noch in derselben Galerie Thannhauser. Die NKVM zeigte 58 Werke, der Blaue Reiter 48. Neben Bildern der Künstlerinnen und Künstlern aus Murnau bzw. München konnte man welche der Franzosen Henri Rousseau und Robert Delaunay (siehe Seite 84) sehen, wie auch des Russen Wladimir Burljuk oder von Marcs Tiermalerfreund Jean-Bloé Niestlé, Heinrich Campendonk (siehe Seite 82) und ein paar anderen. Ebenfalls mit von der Partie war der österreichische Komponist Arnold Schönberg, dessen Konzert im Januar 1911 die »Blauen Reiter« sehr beeindruckt hatte (siehe Seite 66). »Wir suchen in dieser kleinen Ausstellung nicht eine präzise und spezielle Form zu propagieren, sondern wir bezwecken in der Verschiedenheit der vertretenen Formen zu zeigen, wie der innere Wunsch der Künstler sich mannigfaltig gestaltet.« So Kandinsky zum Konzept. Es scheint durchaus Publikum da gewesen zu sein, jedoch, wie Münter schreibt, sahen die meisten die Ausstellung sehr kritisch: »Das ist ja alles Plunder! […] viel dumme Lacher. Man muss sich immer wieder wundern in welchen Massen der Stumpfsinn auftritt.« Die Zeitungen schwiegen. Trotz ein paar Verkäufen war diese erste Ausstellung eher ein Misserfolg.

Die Ausstellung ging auf Tournee und gastierte im Januar 1912 auf Betreiben Mackes in Köln, wo sie Anerkennung bekam. Macke selbst war nicht begeistert, das Kandinsky'sche Theoriegebilde missfiel ihm zusehends: »Eigenliebe, Pantoffelheldentum und Blindheit spielen eine große Rolle. Die großen Worte vom Beginn des großen Geistigen klingen mir immer wieder in den Ohren. […] Mir ist das besonders nach dieser Ausstellung unsympathisch« (siehe Seite 35). Von Marcs Bildern war er enttäuscht: »Ich hatte bei allem ein Gefühl des Unfertigen, des Gewollten und nicht gekonnten.« Auch dem Berliner Kunsthändler Paul Cassirer wurde das Theoretische zu viel: »[…] ich kann mir nicht helfen: Überall starrt mir das Gesicht der Theorie entgegen. […] ich verliere den schalen Geschmack von Eklektizismus und der Temperamentlosigkeit nicht von der Zunge.«

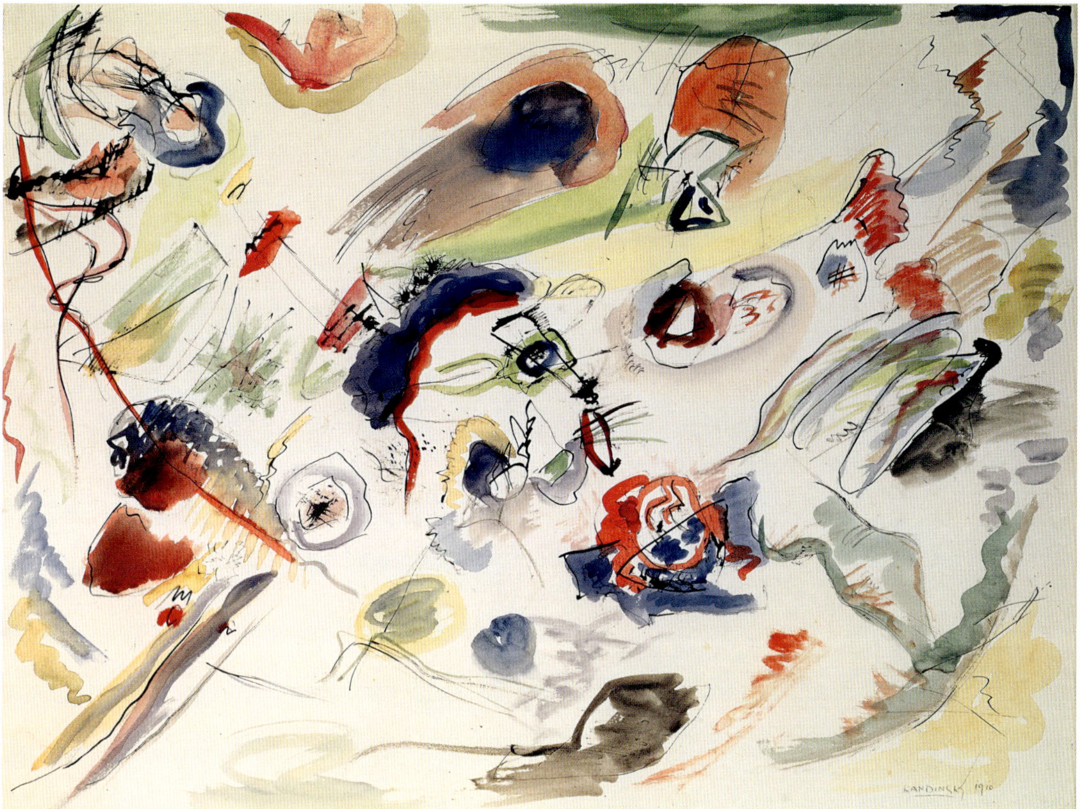

Wassily Kandinsky, *Ohne Titel (Erstes Abstraktes Aquarell)*, 1913, Centre Pompidou, Paris

Im März wurde die Ausstellung in der Galerie Der Sturm von Herwarth Walden in Berlin gezeigt und tourte dann in immer neuen Konstellationen weiter durch Deutschland, inzwischen auch mit Werken von Werefkin und Jawlensky. Auch außenstehende Künstler wie Oskar Kokoschka und die Mitglieder der Brücke um Ernst Ludwig Kirchner zeigten ihre Bilder in der Schau des Blauen Reiters. Die Ausstellung ging unter anderen nach Bremen, Frankfurt am Main und Hamburg sowie 1913 und 1914 nach Budapest und Skandinavien.

Schon im Februar 1912 startete *Die zweite Ausstellung der Redaktion Der Blaue Reiter* unter dem Titel *Schwarz-Weiss* in der Münchner Kunsthandlung Goltz. Wobei der Titel insofern nicht korrekt war, als es auch farbige Aquarelle und Grafiken zu sehen gab; insgesamt 315 Arbeiten auf Papier. Auch hier stellte der Blaue Reiter wieder mit Franzosen aus dem Umkreis von Picasso und Künstlern der Brücke sowie Alfred Kubin (siehe Seite 44) und Paul Klee (siehe Seite 40) aus. Obwohl die Ausstellung gut besucht war, ließ sich das Publikum wieder nicht überzeugen. Marc schrieb Macke: »Dass man sich in München derart aufregt ist schon toll. Vielleicht verlieren wir auch jede Fühlung mit dem Publikum; ich frage es mich oft. Aber öfter frage ich mich, ob denn die Menschen alle miteinander blind sind, dass sie nicht einmal den ehrlichen Versuch, Kunst zu machen, sehen.« Anders als die vorige Gemäldeausstellung, die in zwanzig Stationen durch Europa tourte, blieb *Schwarz-Weiss* eine einmalige Sache.

Durch die Ausstellungen eröffnen sich den »Blauen Reitern« neue Chancen, ihre Werke zu zeigen. Im Mai 1912 findet in Köln die größte Schau der internationalen Avantgarde vor dem Ersten Weltkrieg statt, die *Internationale Kunstausstellung des Sonderbundes Westdeutscher Kunstfreunde und Künstler*. Sechshundert Werke internationaler Künstler von Picasso über Munch bis Egon Schiele und den Malern der Brücke werden dort gezeigt. 1913 organisierte Herwarth Walden in seiner Berliner Galerie Der Sturm mit dem *Ersten Deutschen Herbstsalon* auch wieder eine Art Leistungsschau der internationalen Moderne.

Unter den »Blauen Reitern« indes nahmen die Komplikationen zu: Münter fühlte sich nicht genug wertgeschätzt, unterschiedliche Beurteilungen von Künstlern sowie Mackes Unverständnis gegenüber spirituellen Theoriegebilden führten immer wieder zu Spannungen. Jeder begann, seine eigenen Wege zu gehen, wobei große Werke entstanden. Bis der Erste Weltkrieg alles beendete …

EPILOG

Der Ausbruch des Ersten Weltkriegs am 1. August 1914 war faktisch auch das Ende des Blauen Reiters. Die Russen Werefkin, Jawlensky und Kandinsky mussten Deutschland verlassen und gingen zwei Tage nach Kriegsbeginn in die Schweiz. Gabriele Münter begleitete Kandinsky, der dann aber im November allein nach Moskau weiterzog. Münter reiste 1915 über München nach Stockholm, um sich dort wieder mit ihm zu treffen. Er allerdings kam erst 1916 und nur kurz in die schwedische Hauptstadt – zu einer Ausstellung, die seine treue Gefährtin für ihn arrangiert hatte. Kurz danach reiste er wieder nach Moskau ab. Das war das letzte Mal, dass sich die beiden sahen. Jahre später erfuhr Münter von seiner Hochzeit 1917 mit Nina Andreejvskaja und der Geburt seines Sohnes, der drei Jahre später starb. Kandinsky wurde 1922 Lehrer am Bauhaus in Weimar und Dessau und ging 1933 nach Frankreich. Münter kehrte 1920 wieder zurück nach Murnau, wo sie mit Unterbrechungen bis zu ihrem Tod zurückgezogen lebte.

Marianne von Werefkin und ihre »Familie« lebten, nachdem ihr infolge der russischen Oktoberrevolution 1917 die Zuwendungen gestrichen worden waren, in sehr bescheidenen Verhältnissen im schweizerischen Ascona. Hier arbeitete sie unter anderem als Pharmareferentin. Alexej von Jawlensky, der »Frauenläufer«, fand eine neue Mäzenin in Wiesbaden, zu der er schließlich mit Helene und Andreas übersiedelte.

August Macke und Franz Marc zogen zuversichtlich in den Krieg. Marc schrieb Kandinsky im

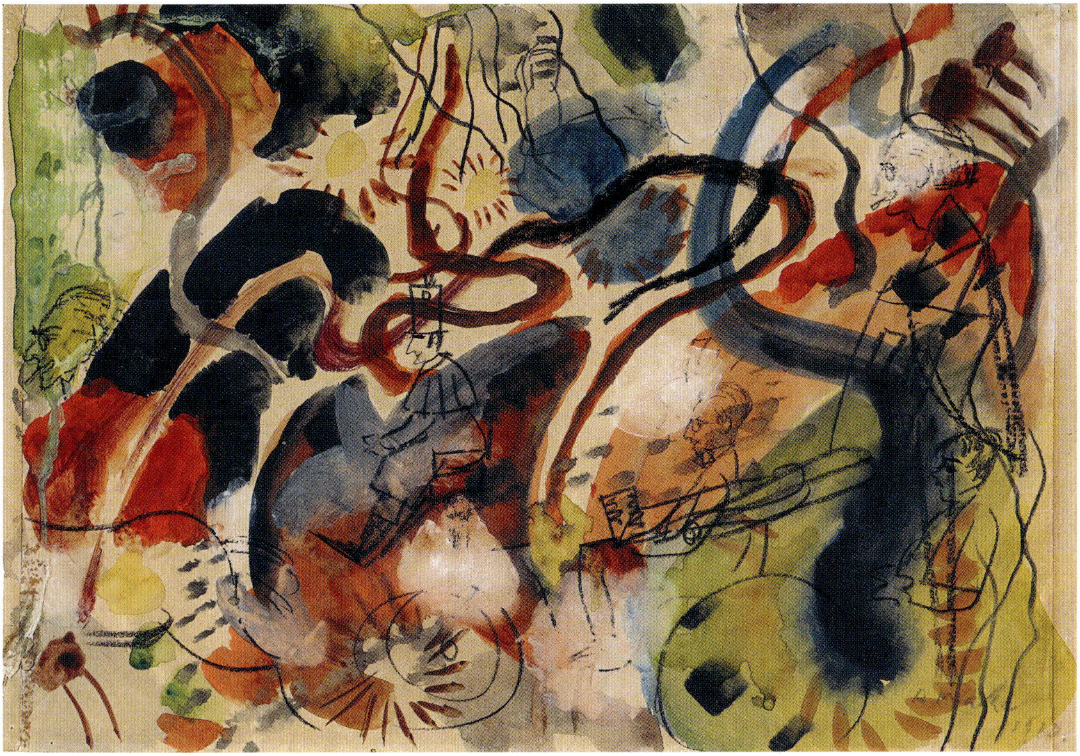

August Macke, *Persiflage auf den Blauen Reiter*, 1913, Städtische Galerie im Lenbachhaus und Kunstbau, München

Oktober 1914, er sehe im Krieg »den heilsamen, wenn auch grausamen Durchgang zu unsern Zielen«, dieser werde »Europa reinigen«. Sein russischer Freund antwortete verständnislos: »Ich dachte, dass für den Bau der Zukunft der Platz auf eine andere Art gesäubert wird. Der Preis dieser Art Säuberung ist entsetzlich.« Macke starb schon im September 1914 an der Front – Marc im März 1916.

Während der Kriegszeit wurden die Ausstellungen des Blauen Reiters beendet und künstlerische Fragestellungen spielten zunächst keine Rolle mehr. Die französischen Kollegen und Freunde galten nun offiziell als Feinde. Nach einer kurzen Zeit großer Wertschätzung der Kunst des Blauen Reiters in der Weimarer Republik, wurde sie im Dritten Reich totgeschwiegen. Bis auf die berühmt-berüchtigte Ausstellung *Entartete Kunst*, in der 1937 alles zusammengetragen wurde, was die Nationalsozialisten nicht verstanden und ablehnten, musste sich das Publikum von diesen und anderen Werken »verabschieden« (siehe Seite 96).

Nach dem Krieg wurden erneut Ausstellungen organisiert, der Blaue Reiter wurde wieder populär und begeistert bis heute das Publikum. Mit der Schenkung ihrer Sammlung machte Gabriele Münter das Lenbachhaus in München zum Hort seiner Kunst. Werefkins großer Einfluss auf die Entwicklung des Blauen Reiter wurde vor allem von Kandinsky und Jawlensky unter den Tisch fallen gelassen. Erst jüngere Forschungen haben ihre wahre Bedeutung als Vordenkerin ans Tageslicht gebracht und ihr eigenständiges Werk gewürdigt.

Bleibt die Frage, warum Kunst, die zu ihrer Entstehungszeit so sehr in der Kritik stand, heute so populär ist. Die Antwort fällt je nach Künstlerin oder Künstler unterschiedlich aus und ist natürlich auch vor dem Hintergrund der Seherfahrungen der letzten hundert Jahre zu betrachten.

Bei August Macke kann man nur staunen, wie weit der junge Maler in seinem Alter schon war – ein kompletter und eigenständiger Künstler mit 27 Jahren, dem eine blendende Zukunft bevorgestanden hätte, wenn ihn der Krieg nicht aus dem Leben gerissen hätte. Anders als die Bilder Kandinskys oder Marcs geben seine Werke der Sehnsucht nach einer friedlichen, fröhlichen Welt Nahrung. Er zeigt die heitere Gelassenheit des aufstrebenden Bürgertums: Frauen vor Schaufenstern, Menschen und Tiere im Zoo, Flaneure in Parks, Araber in bunten Kleidern vor Cafés. Die Menschen scheinen im Einklang mit ihrer Umwelt und mit sich selbst; ein Gefühl, das nicht viele Künstler so zu vermitteln im Stande sind. Macke, der unbeschwerte Rheinländer, genoss seine Farben, seine Ideen und seine Malerei.

Die Werke Jawlenskys, Münters und Kandinskys funktionieren auf anderen Ebenen. Münters und Jawlenskys Bilder erscheinen oft einfach und frei von problematischen Inhalten. Mit Jawlenskys Gesichtern kann man sich je nach Stimmung identifizieren, auch wenn sie in der Menge auf Dauer etwas redundant wirken. Bei vielen Bildern Münters begeistert der direkte Zugang durch ihre vermeintliche Einfachheit; vor allem bei Porträts scheint sie oft momenthaft etwas Wesentliches erfasst zu haben. Vielleicht lag das an ihrer Affinität zur Fotografie, bei der es auf den richtigen Moment ankommt.

Bei Kandinsky liegen die Dinge etwas anders: Mit seinem wohl durchdachten, manchmal zögernden, lange erprobten, aber nicht immer nachvollziehbaren Schritten in die Abstraktion hat er begabten Künstlerinnen und Künstlern eine Welt eröffnet, die viele erfolgreich bereist haben. Allerdings hat er ihnen mit seinen bisweilen »variablen« und manchmal widersprüchlichen Theorien auch eine Legitimation an die Hand gegeben, die viele minderbegabte Maler (und Galeristen) dazu verleiten, Unverständliches und auch Schlechtes mit dem Verweis auf das »Wesen der Kunst« (was auch immer das ist) oder die zu geringe Sensibilität der Betrachterinnen und Betrachter (»Goldkörner im Sand«) künstlerisch-theoretisch zu rechtfertigen.

Es scheint, als sei das Werk von Franz Marc das populärste. Er wurde schon vor dem Ersten Weltkrieg zum Star, wobei der *Turm der blauen Pferde* (siehe Seite 96) sein berühmtestes Werk war. Der Berliner Kunsthändler Paul Cassirer schrieb ihm nach Durchsicht eines Kataloges: »Ihre Bilder haben mir gefallen, weil sie naiv sind [...].« Vereinfacht könnte man sagen, Marcs Bilder vereinen moderne, packende Farbgebung mit romantischen Tierdarstellungen zu wirklich schönen Bildern. »Naiv« mögen sie manchmal erscheinen, für

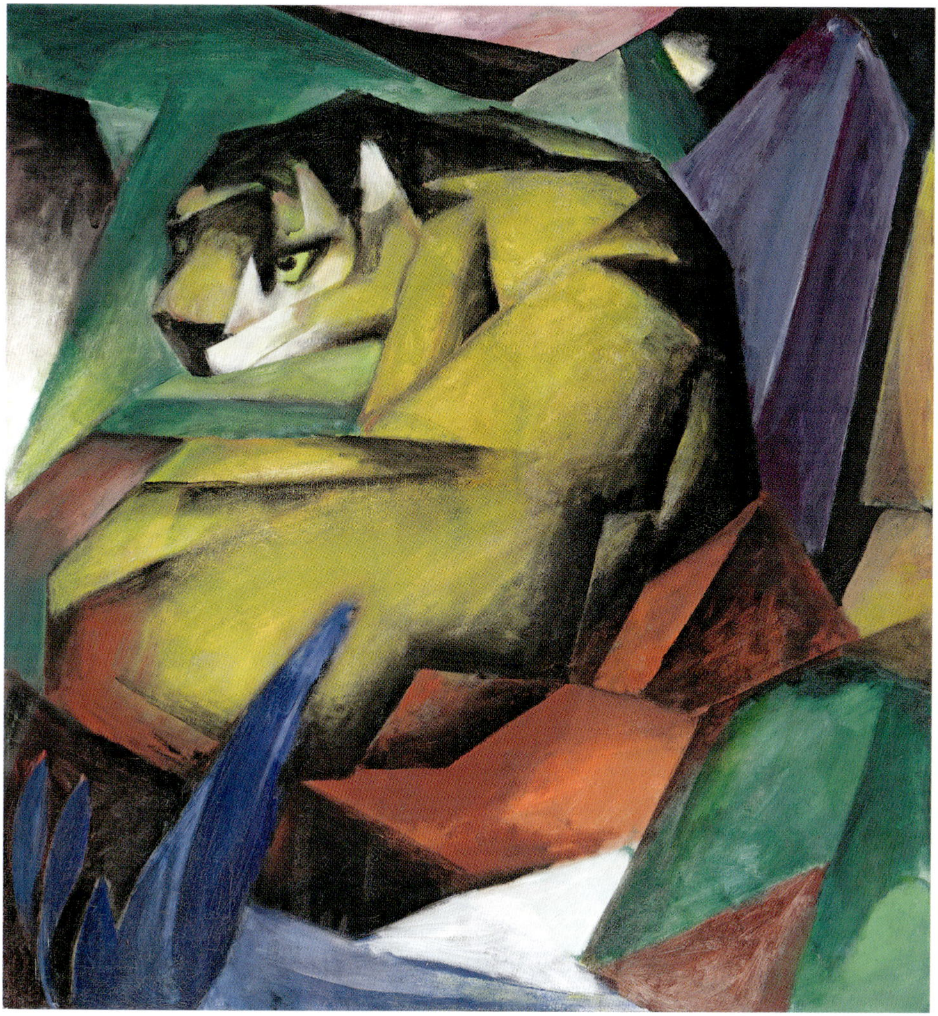

Franz Marc, *Tiger*, 1912, Städtische Galerie im Lenbachhaus und Kunstbau, München

Marc selber waren sie viel mehr und wesentlich tiefgründiger. Man kann nur ahnen, welche Kunst er nach den Kriegserfahrungen geschaffen hätte. Bleibt die Rezeption: Für das damalige Publikum in der Farbe bisweilen provokant, zeigen die Bilder meist eine pantheistisch aufgefasste Natur, die in ihrer scheinbaren Friedlichkeit und Idylle den Betrachterinnen und Betrachtern ein beruhigendes, angenehmes Gefühl vermitteln. Moderne und Romantik in einer brillanten Kombination – und Tiere gehen immer …

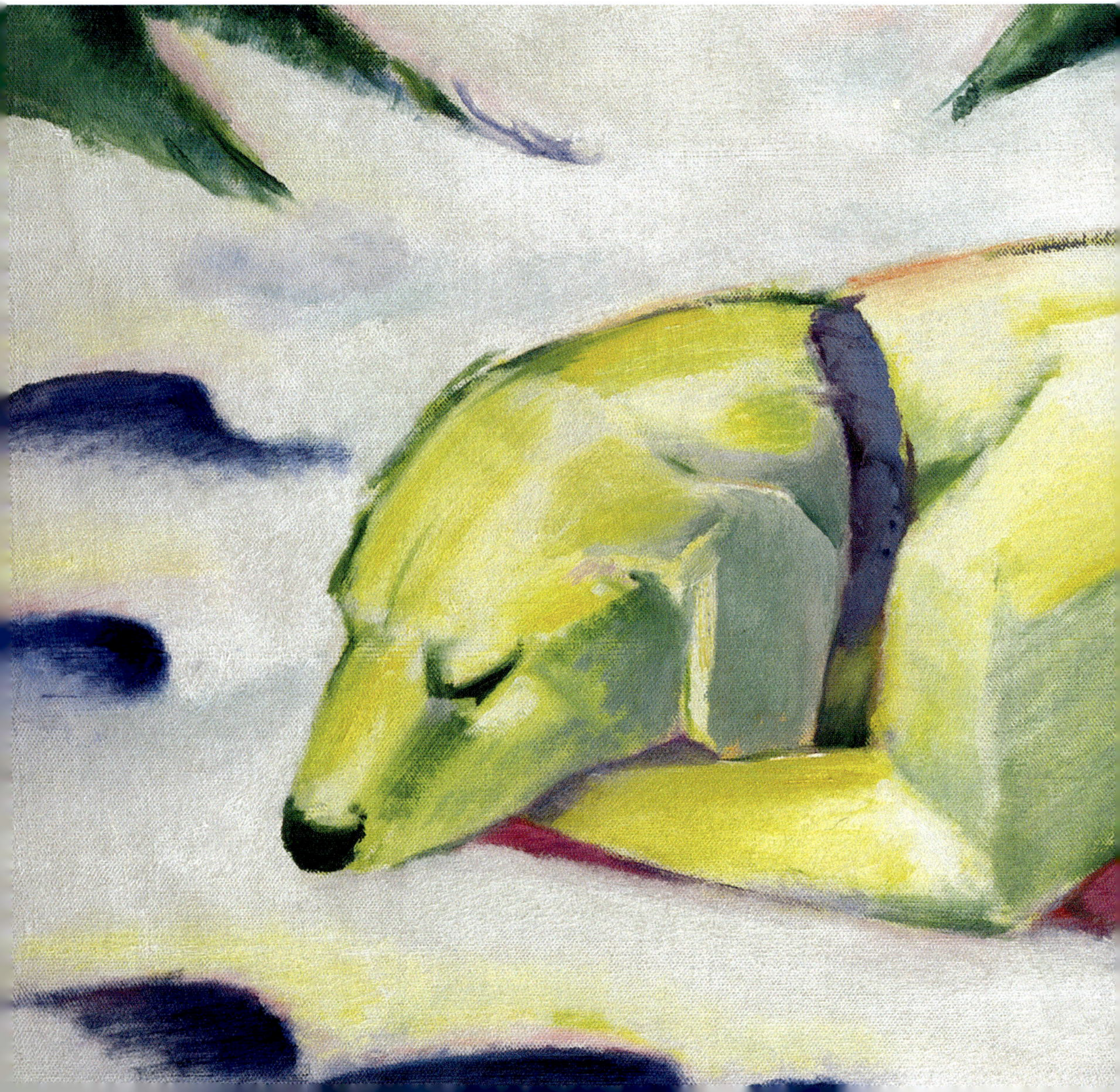

WERKE

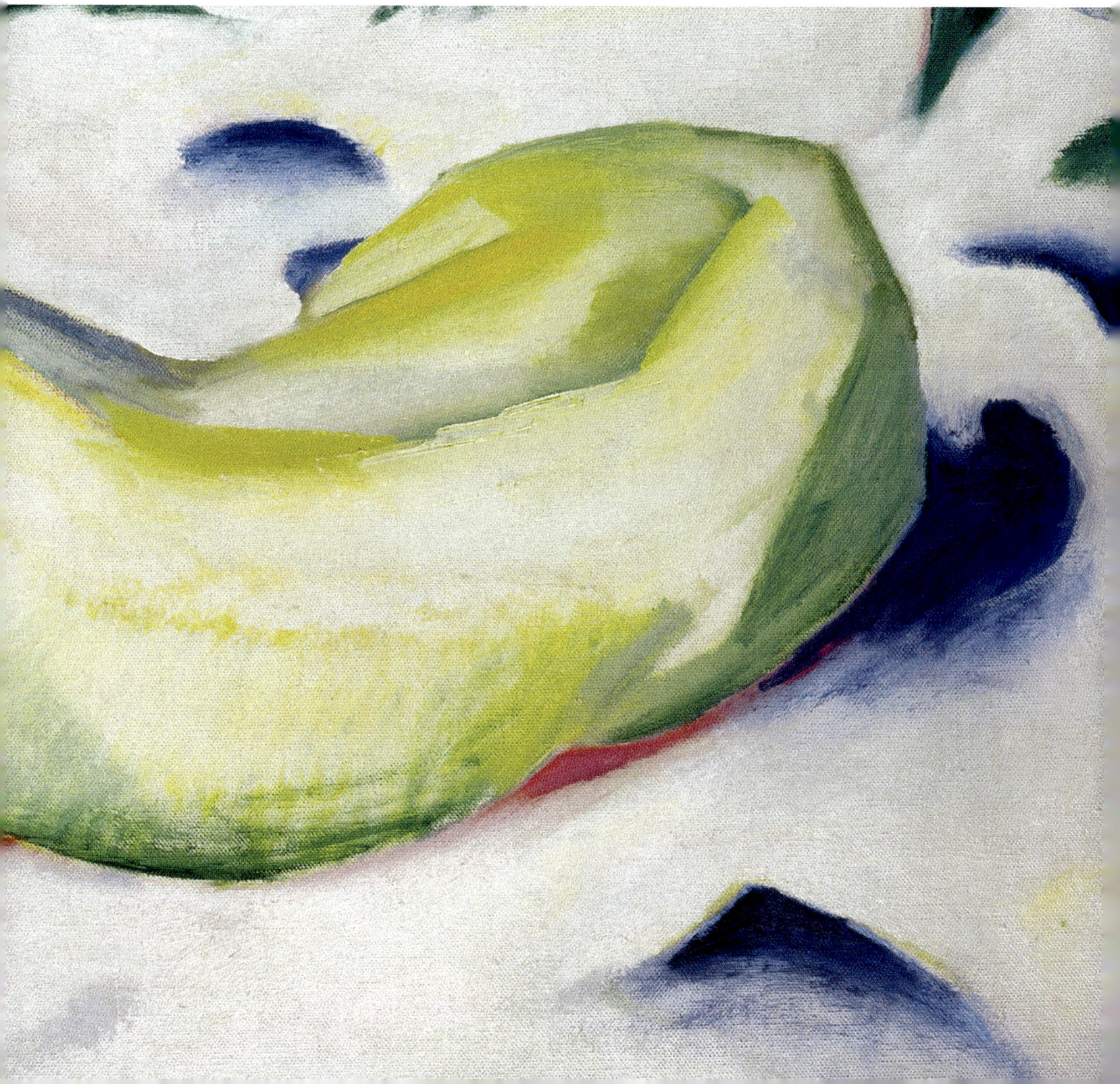

Paul Klee
Jungfrau im Baum, aus der Serie Inventionen, 1903

Radierung
32 × 42 cm
Städtische Galerie im Lenbachhaus und Kunstbau, München

Paul Klee (1879–1940) war in seiner künstlerischen Entwicklung das eigentliche Gegenteil zu August Macke. Schien dieser seine Entwicklung im Schnelldurchlauf zu absolvieren, ging sie bei Klee eher langsam, dafür aber akribisch und akkurat voran. 1901 aus Bern kommend, war er an der Münchner Akademie Schüler bei Franz Stuck und reiste monatelang durch Italien, um die klassische Kunst zu studieren: »Es kann nichts überstürzt werden, es muss wachsen, es soll hinaufwachsen und wenn es einmal an der Zeit ist, jenes Werk, desto besser!« Von 1903 bis 1905 wieder in Bern, arbeitete er vor allem als Zeichner und Grafiker. In dieser Zeit schuf Klee eine Serie von zwölf Radierungen, die er *Inventionen* nannte und als sein erstes bedeutendes Werk betrachtete. Er verzerrte die menschliche Anatomie in dieser Serie teilweise radikal, bis zum Karikaturhaften. Indem er die typisch allegorische Darstellung von Körpern, die er an der Akademie gelernt hatte, parodierte, brachte er seine Entfremdung von der bürgerlich-konservativen Kunst zum Ausdruck, und seinen Wunsch, sich in seine Fantasie zurückzuziehen. In diesem Beispiel ist die über einen knorrigen Baum drapierte, grotesk gestaltete Frau das Gegenteil eines idealisierten Aktes. Die Zeichnung lässt an Francisco de Goya denken und Klees akribisches Wesen sowie sein Ringen um seine Bilder erkennen.
1911 lernte Klee über Alfred Kubin die Mitglieder der Neuen Künstlervereinigung München und Kandinsky kennen, wobei die beiden feststellten, dass sie seit Längerem Nachbarn in derselben Straße waren. Klee war auch ein brillanter Geiger, der bei Bedarf sogar beim Berner Symphonieorchester aushalf. Diese Kombination dürfte den musikbegeisterten Kandinsky zusätzlich fasziniert haben, auch wenn Klee Mozart, Bach und Beethoven gegenüber Schönberg bevorzugte. Kandinsky stellte schnell fest: »Da sitzt schon was in der Seele.« Das traf sich mit seiner Theorie der »inneren Notwendigkeit«, aus der heraus die Kunst entstehen sollte. Gabriele Münter beobachtete Klee ebenfalls und schrieb in ihren Erinnerungen: »Nichts künstlerhaft Genialisches sprang einen an. Desto fesselnder war seine Kunst, die aus dem eigenen Gesetz und Fühlen hervorging, ohne sich um den Erfolg in der breiten Öffentlichkeit zu kümmern.«
Kandinsky lud Klee ein, an der *Zweiten Ausstellung der Redaktion Der Blaue Reiter* mit dem Titel *Schwarz-Weiss* mitzumachen. Das tat Klee mit 17 Zeichnungen, von denen die *Jungfrau* eine war. Kandinsky schrieb dazu in seinen *Rückblicken*: »Ich kann aber mit berechtigtem Stolz behaupten, daß ich in seinen damaligen ganz kleinen Handzeichnungen (er malte noch nicht) den späteren großen Klee gewittert habe.«

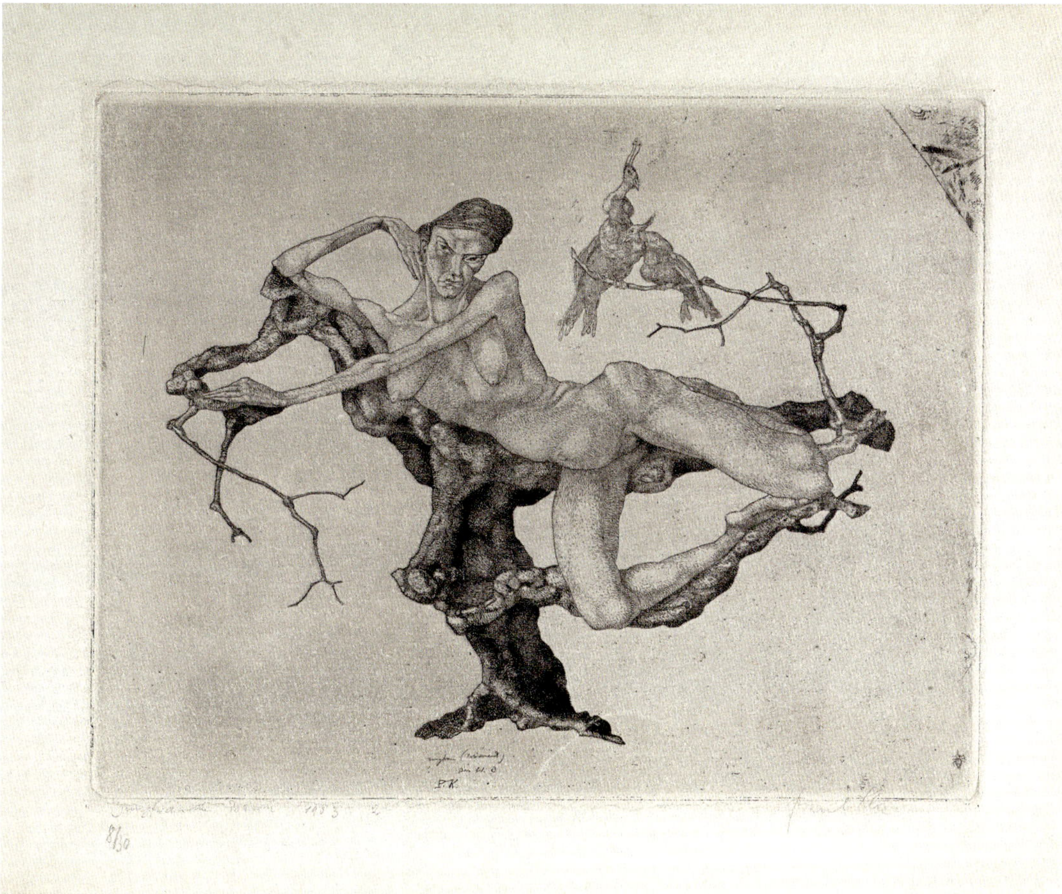

Wassily Kandinsky
Das bunte Leben, 1907

Tempera auf Leinwand
130 × 162,5 cm
Privatbesitz

Als Wassily Kandinsky noch in Moskau Rechtswissenschaft und Volkswirtschaft studierte, unternahm er für die Gesellschaft für Naturwissenschaften, Anthropologie und Ethnografie eine längere Reise in das Gouvernement Wologda, circa 400 Kilometer nordöstlich von Moskau. Dort sollte er zum einen das russische Bauernkriminalrecht studieren und zum anderen bei dem »Fischer- und Jägerstamm der langsam verschwindenden Syrjanen die Reste ihrer heidnischen Religion sammeln«. Die Eindrücke dieser Reise haben sich tief in sein Gedächtnis eingegraben. In seinen *Rückblicken* von 1913 erzählt er davon: »Ich kam in Dörfer, wo plötzlich die ganze Bevölkerung [...] eine Buntheit der Trachten zeigte, die wie bunte lebende Bilder auf zwei Beinen herumliefen. [...] Wahrscheinlich nicht anders, als durch diese Eindrücke verkörperten sich in mir die weiteren Wünsche, Ziele meiner eigenen Kunst. Ich habe viele Jahre die Möglichkeit gesucht, den Beschauer im Bilde ›spazieren‹ zu lassen, ihn zu der selbstvergessenen Auflösung des Bildes zu zwingen.« Diese Möglichkeit scheint er hier gefunden zu haben. Denn man meint wirklich mittendrin zu sein in diesem eigenartigen Volksauflauf – einer Art Volksfest zum Mittsommer –, der viele russische Klischees zu bedienen scheint: Männer mit langen Bärten und Pelzmützen, russische Matronen, eine junge Mutter in Tracht mit Kind, ein neckisch sich fangendes Pärchen und ein Pope samt Kreuz und Bettler. Dazu Gruppen von alten und jungen Männern und dazwischen einzelne Figuren, die die Betrachterin oder den Betrachter direkt anblicken, ein Jäger, der auf ein Eichhörnchen zielt, und ein Reiter mit Schwert, der an den hl. Georg erinnert. Rechts im Hintergrund ist ein Friedhof zu erkennen und über allem thront die Kremlstadt – auch sie typisch, denn in altrussischen Städten wurde der Kreml, also der befestigte Stadtkern mit Sitz der weltlichen sowie der geistlichen Macht, meist auf einer Anhöhe errichtet.
Etwas Mystisches liegt in diesem Bild, was durch die leuchtenden Farben auf dem dunklen Hintergrund betont wird. Gemalt hat Kandinsky es im französischem Sèvres; vielleicht hat ihn im fernen Frankreich die Erinnerung an das Russland seiner Jugend zu so einem traumartigen Gemälde inspiriert. Künstlerisch scheint die Nähe zum Pointillismus à la Paul Signac seinen Pinsel geführt zu haben. Die mit starken kleinen Farbflächen gemalten Figuren, die keine Konturen besitzen, werden mit dem Untergrund verwoben und scheinen so fast zu verschwinden. Die »selbstvergessene Auflösung des Bildes« nimmt vielleicht hier ihren Anfang. Viele der gezeigten »Lieblingsmotive« Kandinskys, wie Boot, Reiter, Kirche und Kreml, findet man auch in seinen späteren Bildern. Langsam aber werden sie auf Kandinskys Weg in die Abstraktion zu Chiffren, bis sie schließlich ganz aus seinem Werk verschwinden.

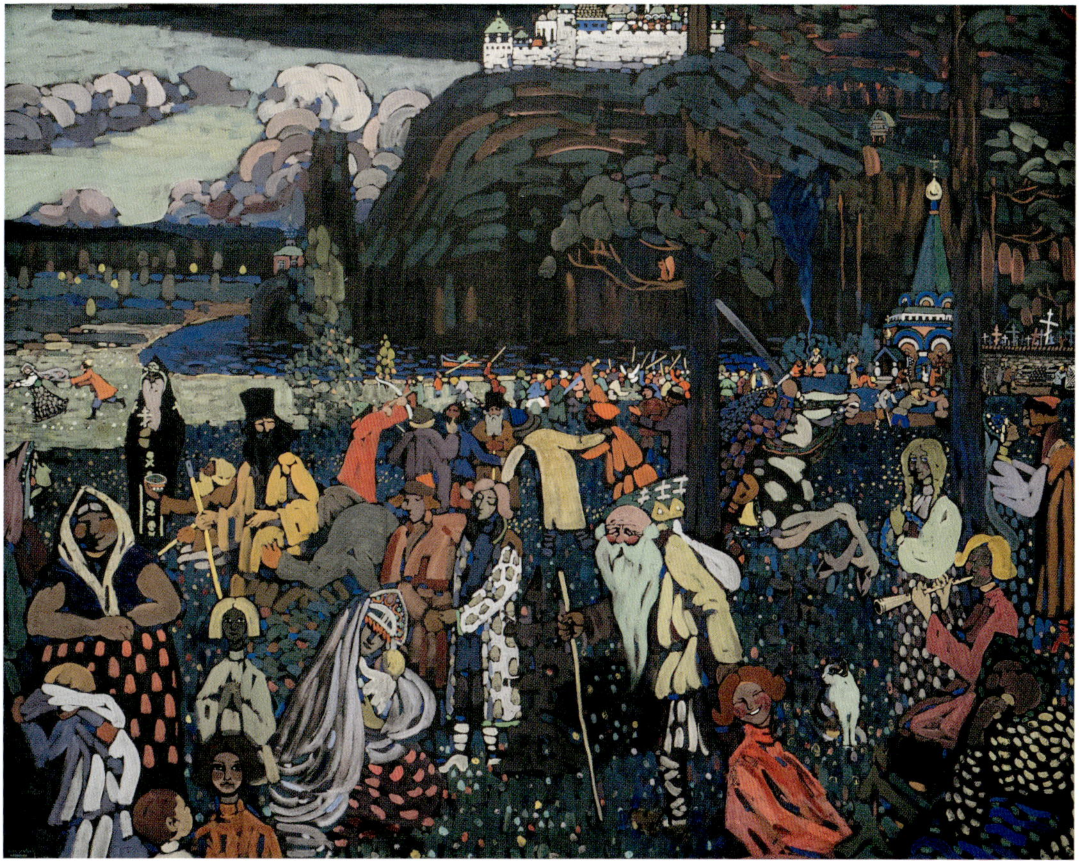

Alfred Kubin
Der Krieg, 1907

Feder, Tusche, Einfassungslinie auf Katasterpapier
31,5 × 39,6 cm
Städtische Galerie im Lenbachhaus und Kunstbau, München

Alfred Kubins (1877–1959) Mitgliedschaft beim Blauen Reiter könnte man fast als Missverständnis sehen, denn er ist der Einzige in der Gruppe, der künstlerisch nicht nach vorne, sondern eher nach hinten blickt. Nicht die Kubisten und Futuristen in Paris sind seine Vorbilder, sondern Zeichner wie Francisco de Goya, Félicien Rops, Odilon Redon oder Max Klinger (1857–1920). Was ihn allerdings mehr als alle anderen speziell mit Kandinsky verband, war dessen Forderung nach »innerer Notwendigkeit« als Grundlage für eine überzeugende Kunst. Kubin studierte nach traumatischen Kindheits- und Jugenderlebnissen seit 1898 in München und hatte 1899 nach der Begegnung mit Klingers Zyklus *Paraphrase über den Fund eines Handschuhs* von 1881 nach eigener Aussage einen krisenhaften Schub, der ihn einen »Sturz von Visionen schwarz-weißer Bilder« sehen ließ, die er zu Hunderten als fantastisch-albtraumhafte Werke bis 1904 zeichnete – ganz offensichtlich aus »innerer Notwendigkeit«. 1901 hatte er mit einer Ausstellung im Berliner Kunstsalon Paul Cassirer seinen künstlerischen Durchbruch. Kubins unheimlich-geheimnisvoller Kosmos traf offenbar den Zeitgeist.
1904 lud ihn Kandinsky zur neunten Phalanx-Ausstellung ein, in der er dreißig dieser Zeichnungen zeigte. 1909 wurde Kubin Mitglied der NKVM und wechselte 1911 zum Blauen Reiter. 1912 war er bei der Ausstellung *Schwarz-Weiss* des Blauen Reiters vertreten, ebenso wie Paul Klee, mit dem er schon seit 1910 Kontakt hatte und Werke austauschte. In der Zwischenzeit hatte Kubin geheiratet, war nach Zwickledt in Oberösterreich gezogen und hatte dort 1908 in nur zwölf Wochen den fantastischen Roman *Die andere Seite* geschrieben und mit nervöser Feder illustriert – ein literarischer Erfolg, der bis heute verlegt wird.
Kaum ein Künstler seiner Zeit hat sich so direkt mit den eigenen seelischen Nöten und Träumen, aber auch mit den allgemeinen Befürchtungen vieler Menschen befasst wie er. In sein Tagebuch schrieb er: »Vielleicht ist gerade dies das Leben: Ein Traum und eine Angst.« Und anders als bei Kandinsky ist bei Kubin die Angst unmittelbar greif- und erlebbar, wie in der Zeichnung *Der Krieg*: Der gesichtslose, riesenhafte Krieger wird im nächsten Moment eine ganze Armee unter seinen hufartigen Füßen zermalmen – brutal und gnadenlos. 1930 brachte Kubin die Zeichnung als Lithografie heraus. Diese Erinnerung an die Gräuel des Ersten Weltkrieges wirkt gleichzeitig wie eine Vorahnung einer nicht weniger kriegerischen Zukunft.
In vielen Blättern deckt Kubin seine – unsere (?) – Ängste und Albträume auf eine Weise auf, die Betrachterinnen und Betrachter sofort packt. Ein solches Werk kann nur aus »innerer Notwendigkeit« entstanden sein. Als Kubin 1959 auf dem Totenbett lag, sagte er einen für sein Leben und Werk bezeichnenden Satz: »Nehmen Sie mir meine Angst nicht, sie ist mein einziges Kapital.«

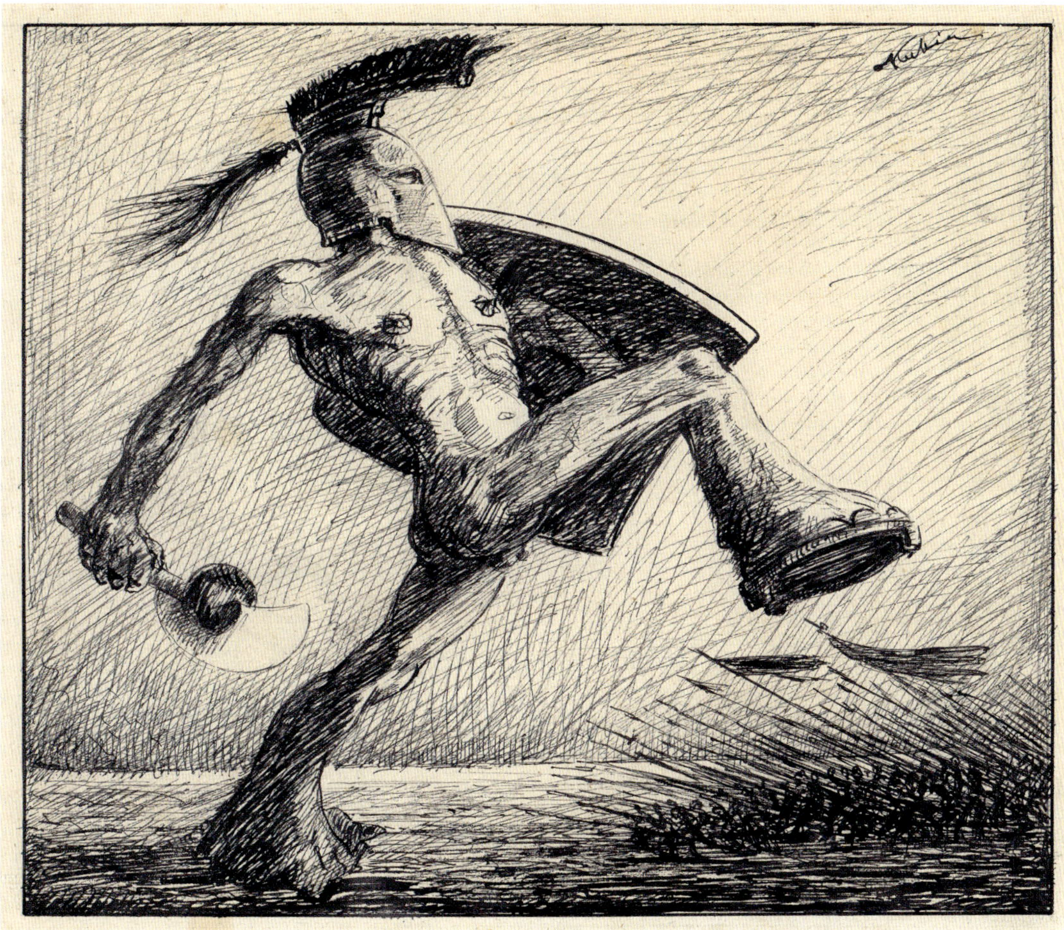

Wassily Kandinsky
Murnau – Kohlgruberstraße, 1908

Öl auf Pappe
71 × 97,5 cm
Kunsthaus Zürich

Im Sommer 1908 quartierten sich Gabriele Münter, Marianne von Werefkin, Alexej von Jawlensky und Wassily Kandinsky im Murnauer Hotel Griesbräu ein und entwickelten aus ihren unterschiedlichen Erfahrungen jene Malerei, die letztlich die Grundlage für die Kunst des Blauen Reiters wurde. Beide Paare waren von ihren langen Reisen mit zahlreichen Ideen und Eindrücken zurückgekehrt. Kandinsky und Münter hatten unter anderem im Winter 1904/05 in Tunesien geweilt. Die orientalische Farbenpracht hatte es ihnen angetan, wovon viele Skizzen zeugen. Franz Marc, der 1910 in München die Ausstellung *Meisterwerke der muhammedanischen Kunst* besucht hatte, schwärmte ebenfalls davon: »Worin besteht unsere staunende Bewunderung vor dieser orientalischen Kunst? Zeigt sie uns nicht spottend die einseitige Begrenztheit unserer europäischen Begriffe von Malerei? Ihre tausendfach tiefere Farben- und Kompositionskunst macht unsere konventionellen Theorien zuschanden.«
1906/07 verbrachten Kandinsky und Münter lange Zeit in Paris, wo sie ausführlich die Kunst der Neoimpressionisten und der Fauves kennenlernen konnten. Für diese Künstlergruppe um Henri Matisse (1869–1954) stand die Farbe im Mittelpunkt. Sie setzten große Farbflächen nebeneinander, unterdrückten die Plastizität der Gegenstände und hoben die Perspektive auf. Der Name »Les Fauves«, zu Deutsch »Die Wilden«, war – wie schon bei den Impressionisten – eine als Schimpfwort gedachte Bezeichnung eines Kritikers: In der ersten Ausstellung dieser Gruppe im Pariser Salon d'Automne 1905 stand mitten im Raum eine Skulptur im Stil des Renaissance-Bildhauers Donatello, was jenen Freund der edlen Schönheit zu dem Ausruf veranlasste: »Donatello unter all diesen Wilden!« Diese »Wilden«, allen voran Matisse, machten auf die »Blauen Reiter« großen Eindruck und wurden zu einem wichtigen Vorbild.
In den Sommermonaten 1908 in Murnau brachen sich offenbar alle Einflüsse der letzten Jahre in den Bildern Kandinskys Bahn und führten zu solch farbenprächtigen Landschaftsdarstellungen, wie man sie in München, geschweige denn in Murnau noch nie gesehen hatte: intensive, kontrastreich leuchtende Farben, die beginnen, sich von ihrer traditionellen Aufgabe der Gegenstandsbeschreibung zu lösen. Vor Jahren wollte der Künstler seine Farben »so stark singen [lassen], wie ich nur konnte« – was ihm 1901, als er das notierte, noch nicht glücken wollte: »Zuhause immer eine tiefe Enttäuschung«. Sieben Jahre später ist es ihm gelungen.

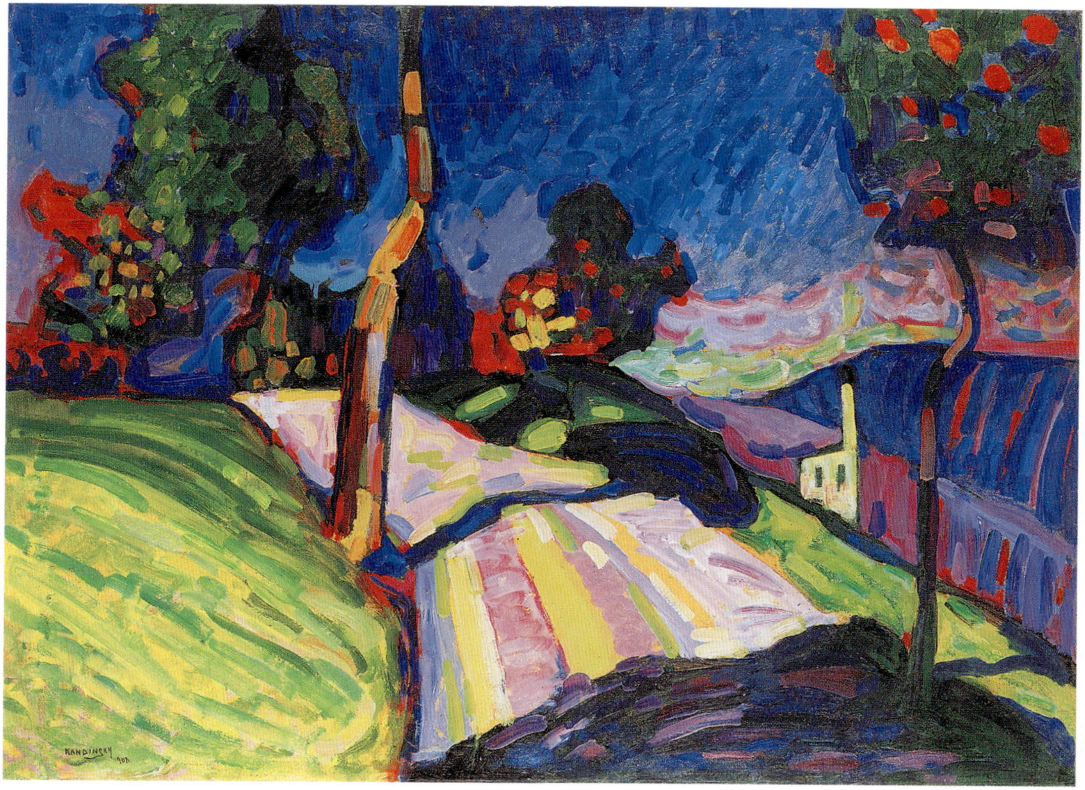

Alexej von Jawlensky
Bildnis des Tänzers Alexander Sacharoff, 1909

Öl auf Pappe
69,5 × 66,5 cm
Städtische Galerie im Lenbachhaus und Kunstbau, München

Jawlensky malte dieses außergewöhnlich intensive Porträt in weniger als einer halben Stunde. Der Tänzer Alexander Sacharoff (1886–1963) kam vor einem Auftritt schon fertig geschminkt in das Atelier des Malers in der Giselastraße, woraufhin dieser seine Chance ergriff und ihn spontan porträtierte. Gesagt, getan nahm der Tänzer das Gemälde auch gleich noch feucht mit, um zu vermeiden, dass es Jawlensky, wie es seine Art war, noch mehrmals überarbeitete. Denn in der Malerei ist der erste, schnelle Wurf wenn nicht unbedingt der beste, so doch oft der wahrhaftigste. Man erkennt, was den Maler und seine Kunst ausmachen. Weitere Überarbeitungen führen oft zur Verunklärung des ersten Eindrucks.
Jawlensky hat – wie auch Marianne von Werefkin es tat – seinen engen Freund Sacharoff öfter porträtiert. »Wir waren mehrere Jahre immer zusammen und er fast täglich bei uns. Seine ganze Ausbildung im Tanz hatten wir zusammen besprochen«, erinnerte sich Jawlensky später. Sacharoff war, bevor er Tänzer wurde, 1903 nach Paris gegangen, um dort Jura und Malerei zu studieren. Nachdem er eine Vorstellung der berühmten Sarah Bernhardt besucht hatte, beschloss er, Tänzer zu werden. 1905 ging er nach München und absolvierte eine Ausbildung im klassischen Ballett und als Akrobat. Als Maler trat er 1909 der Neuen Künstlervereinigung München bei. 1910 gab er sein Debut als Solotänzer und wurde der wahrscheinlich erste freie Solist Europas.
Die androgyne Erscheinung Sacharoffs faszinierte nicht nur seine Zeitgenossen, sondern auch das heutige Publikum. Jawlensky schafft Intimität durch die leicht vorgebeugte Haltung und den Schatten an der Wand, der zusätzlich die Nähe zwischen Maler und Modell betont. Zu dem stechenden, fast lasziven Blick kommen die Farbkontraste und die dunklen Augen in dem weiß geschminkten Gesicht. Das Bildnis Sacharoffs ist eines der letzten Jawlenskys, die noch nicht mit seiner in den kommenden Jahren intensivierten Reduktion der individuellen Physiognomien und Formen geschaffen wurden.

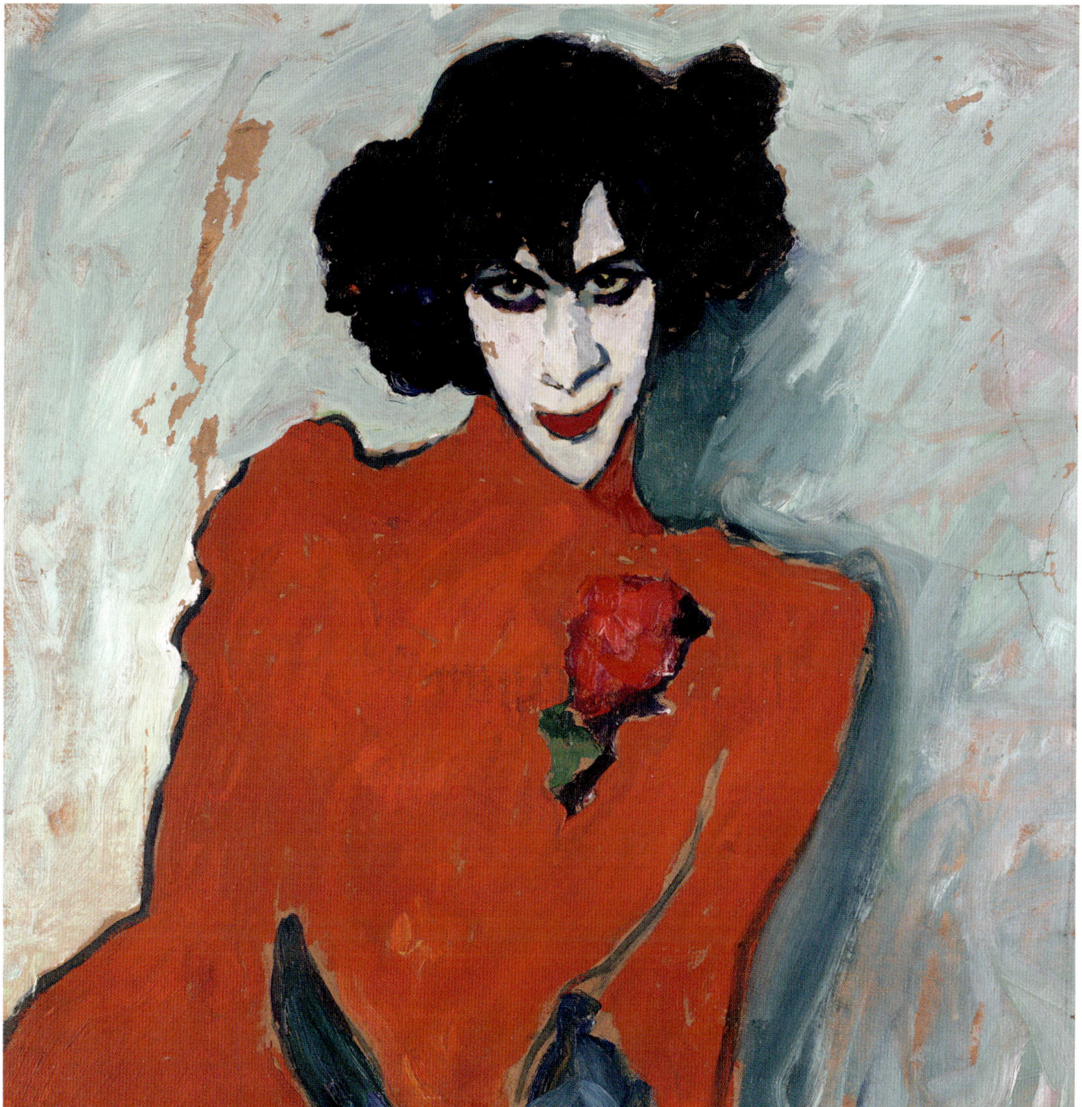

Gabriele Münter
Zuhören (Bildnis Jawlensky), 1909

Öl auf Pappe
49,8 × 66,4 cm
Städtische Galerie im Lenbachhaus und Kunstbau, München

In ihren Tagebuchaufzeichnungen schrieb Gabriele Münter 1908 über ihren Kollegen Alexej von Jawlensky, mit dem sie, Kandinsky und Werefkin in den Sommerwochen in Murnau malten: »Es war eine schöne, interessante, freudige Arbeitszeit mit vielen Gesprächen mit den begeisterten ›Giselisten‹. Ich zeigte Jawlensky besonders gern meine Arbeiten – einerseits lobte er gern und viel – andererseits erklärte er mir auch Manches […]. Er ist ein netter College.«
Diesen Kollegen malte sie, während er den kunsttheoretischen Ausführungen von Kandinsky lauschte – und offensichtlich Schwierigkeiten hatte, sie zu verstehen. Kandinsky und auch Werefkin haben häufig im Hause Münter, das wegen der vielen russischen Besucher im Dorf »Russen-Haus« (siehe Seite 108) genannt wurde, über die Kunst und ihre Theorien diskutiert. Münter schrieb in ihren Erinnerungen: »Alle drei diskutierten unaufhörlich über Kunst, und im Anfang hatte jeder seine eigene Ansicht und seinen eigenen Stil. Jawlensky war weniger intellektuell oder intelligent als Kandinsky und Klee und ihre Theorien verwirrten ihn oft. Einmal malte ich ein Porträt, das ich ›Zuhören‹ nannte und das Jawlensky darstellt, wie er mit einem verdutzten Ausdruck in seinem pausbäckigen Gesicht neuen Kunsttheorien von Kandinsky lauscht.« Selten wurde der Ausdruck von verständnislosem, verdutztem Zuhören so prägnant, aber auch liebevoll ins Bild gesetzt. Das Bild wirkt fast schon wie eine Karikatur, so wie Münter hier die hochgezogenen Augenbrauen über die leuchtend blauen Knopfaugen setzt.
Etwas ungelenk erscheinen die beiden Würste links auf dem Teller und die Petroleumlampe. Hinter der Lampe ist eine blaue Schachtel zu erkennen, die mit den Knopfaugen Jawlenskys korrespondiert. Das ist die einzige Verbindung dieses Stilllebens, das viel Platz einnimmt, mit dem Rest des Gemäldes. Der eigentliche Protagonist, der zum Fragezeichen erstarrte Jawlensky, wird an den Rand drängt. Der Schwung des rosafarbenen Pullovers bis zum Kopf betont die Körperhaltung des Malers. Dabei ist das Bild weniger ein Porträt des Kollegen als vielmehr eine Momentaufnahme der Situation. Münters Erfahrung und Begabung als Fotografin kommt zum Tragen. Es scheint, als hätte sie einen inneren Schnappschuss gemacht und ihn später in einem Ölbild umgesetzt.

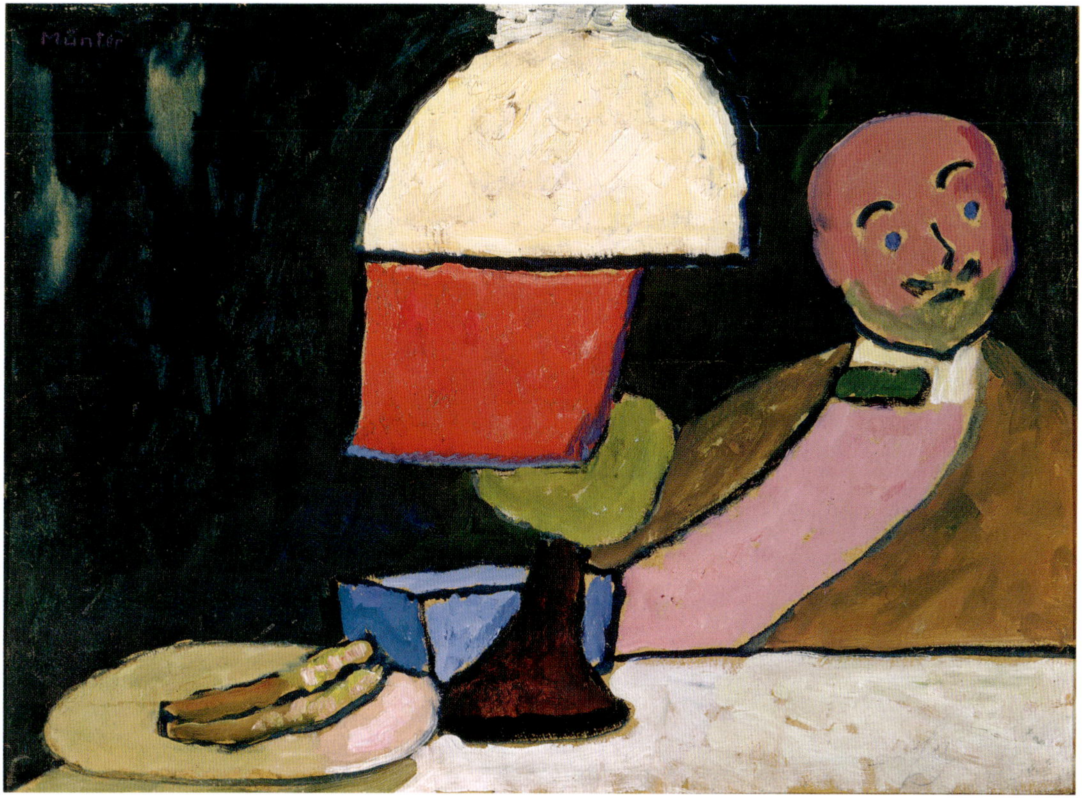
Münter

Wassily Kandinsky
Murnau mit Kirche I, 1910

Öl auf Pappe
64,7 × 50,2 cm
Städtische Galerie im Lenbachhaus und Kunstbau, München

Obwohl man wohl kaum behaupten kann, dass man auf diesem Gemälde den Ort tatsächlich identifizieren könnte, ist es doch die wahrscheinlich bekannteste Ansicht des Dorfes Murnau am bayerischen Staffelsee. Zu sehen ist die Kirche St. Nikolaus, die, nur wenige hundert Meter östlich, vom »Russen-Haus« aus gut zu sehen ist. Kandinsky war in seiner Kunst schon auf dem Weg in die Abstraktion, hatte aber immer noch nicht den richtigen Schlüssel dazu gefunden. In seinen *Rückblicken* beschreibt er ein »unbeschreiblich schönes, von einem inneren Glühen durchtränktes Bild«, das er zunächst nicht erkennt, weil es falschherum steht (siehe Seiten 29/30). Denn hier ist noch die gegenständliche Welt vorhanden, die »meinen Bildern schadet«. Es sind zwar nur noch ein paar chiffreartige Verweise auf Häuser, Dächer, einen Zaun, Bäume und Berge, und der einzige Gegenstand, der klar erkennbar ist, ist der weiße Kirchturm der Pfarrkirche St. Nikolaus mit der blauen Kuppel. Aber Kandinsky merkt, dass auch das schon zu viel an Konkretem ist, zu viel an Gegenstand für sein Ziel der reinen Malerei.

Im Van Abbemuseum im niederländischen Eindhoven hing bis 2023 die Version *Murnau mit Kirche II*, in der Kandinsky die Landschaft noch etwas genauer schildert. Die Bergrücken sind mit schwarzen Konturen betont und die Topografie des Dorfes mit seinen bunten Häusern ist im Vergleich zu Version I fast noch traditionell gemalt. In der hier gezeigten Version dient die Farbe nicht mehr der Gegenstandsbeschreibung, vor allem auch, weil eben kaum mehr Gegenstände zu erkennen sind. Und in der Konsequenz spielt auch die traditionelle Perspektive keine Rolle mehr. Diese Freiheiten geben dem Bild eine Lebhaftigkeit und künstlerische Unmittelbarkeit, die Kandinsky lange gesucht hat. Trotz allem scheinen die Farbflächen, so ausgewogen sie sind, einem genauen kompositorischen Plan zu folgen. Auf Kandinskys Weg in die Abstraktion ist dieses Bild ein wichtiger Meilenstein.

Die Version *Murnau mit Kirche II* wurde im Zuge einer Restitutionsaktion 2022 den Erben der rechtmäßigen Eigentümer, der Berliner Familie Stern, die eine große Kunstsammlung besaß, zurückgegeben. 2023 wurde es bei Sotheby's in London für 45 Millionen US-Dollar versteigert; der bisher höchste Preis für ein Werk Kandinskys.

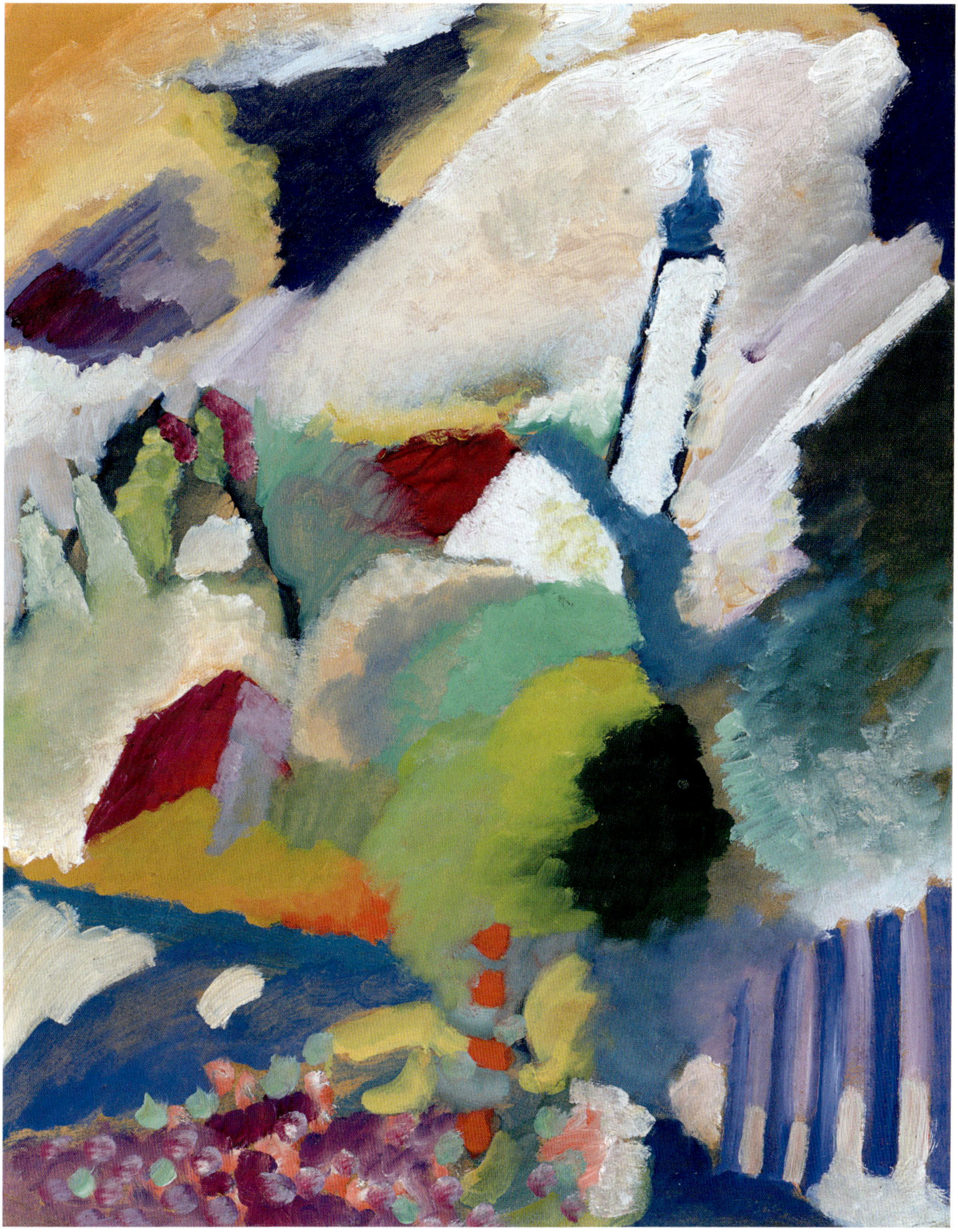

Gabriele Münter
Bayerische Landschaft mit Einödhof, um 1910

Tusche, Öl hinter Glas, in bemaltem, originalem Rahmen
14,2 × 21,2 cm
Städtische Galerie im Lenbachhaus und Kunstbau, München

»Als wir bei Marcs in Sindelsdorf zu Besuch waren [...] saßen wir alle abends um den runden Tisch und malten Glasbilder, Franz und Maria, August und ich, und manchmal waren auch Helmuth Macke und Heinrich Campendonk dabei [...]. Leider sind diese Glasbilder im Krieg zerstört worden.« So beschreibt Elisabeth Macke die Begeisterung der Künstlerinnen und Künstler für die volkstümliche Hinterglasmalerei, die Gabriele Münter für die Gruppe entdeckt hatte. Volkskunst war gerade für Kandinsky ein wichtiges Thema, verband sie ihn doch mit seiner russischen Heimat. In Murnau entdeckte Münter 1908/09 die dortige Volkskunst für sich und war die Erste, die im Frühjahr 1909 damit begann, die Technik der Hinterglasmalerei zu erlernen. Ihr Lehrer war einer der letzten in Murnau tätigen Glasmaler, Heinrich Rambold (1872–1955; viele seiner Werke sind heute im Schlossmuseum Murnau zu sehen).
»Ich war in Murnau – soviel ich weiß – die erste, die Glasscheiben nahm und etwas machte. Zuerst Kopien, dann auch verschiedene eigene Dinge [...] ich war entzückt von der Technik und wie schön das ging [...]«. So Münter in ihren Erinnerungen. Sie konnte auch die mit über tausend Hinterglasbildern bestückte Sammlung des Braumeisters Johann Krötz studieren (heute im Oberammergau Museum). Neun davon wählten Marc und Kandinsky für die Veröffentlichung in ihrem Almanach aus. Das waren durchaus nicht nur von Bauern naiv gemalte Votivbilder, sondern Werke hochspezialisierter Künstler.
Typisch für die Hinterglasmalerei ist die Formenvereinfachung, die schwarzen Umrisszeichnungen und die reinen, leuchtenden Farbflächen. Das und die Ursprünglichkeit, die Empfindung und die Naivität der Bilder hatten es Münter und auch Kandinsky angetan und deutliche Spuren im Werk vor allem Münters und Jawlenskys hinterlassen, wobei Letzterer Hinterglasmalerei aber nur sammelte und selbst keine Werke in dieser Technik schuf.
Die Technik der Hinterglasmalerei ist durchaus kompliziert, denn anders als bei Glasmalerei, beispielsweise bei Kirchenfenstern, funktioniert sie nicht mit Durch-, sondern mit Auflicht. Das Bild wird von hinten auf das Glas gemalt, wobei man beachten muss, dass man das Motiv sowohl seitenverkehrt als auch in umgekehrter Arbeitsfolge malen muss: Die Farbe, die man zuerst auf das Glas setzt, ist die, die man sieht. Spätere Korrekturen sind also ausgeschlossen.
Typisch für Münters Bilder war die zusätzliche Bemalung der Rahmen. Sie hat das Hinterglasbild in die Moderne geholt, indem sie ihre eigenen Motive mit der traditionellen Technik verband.

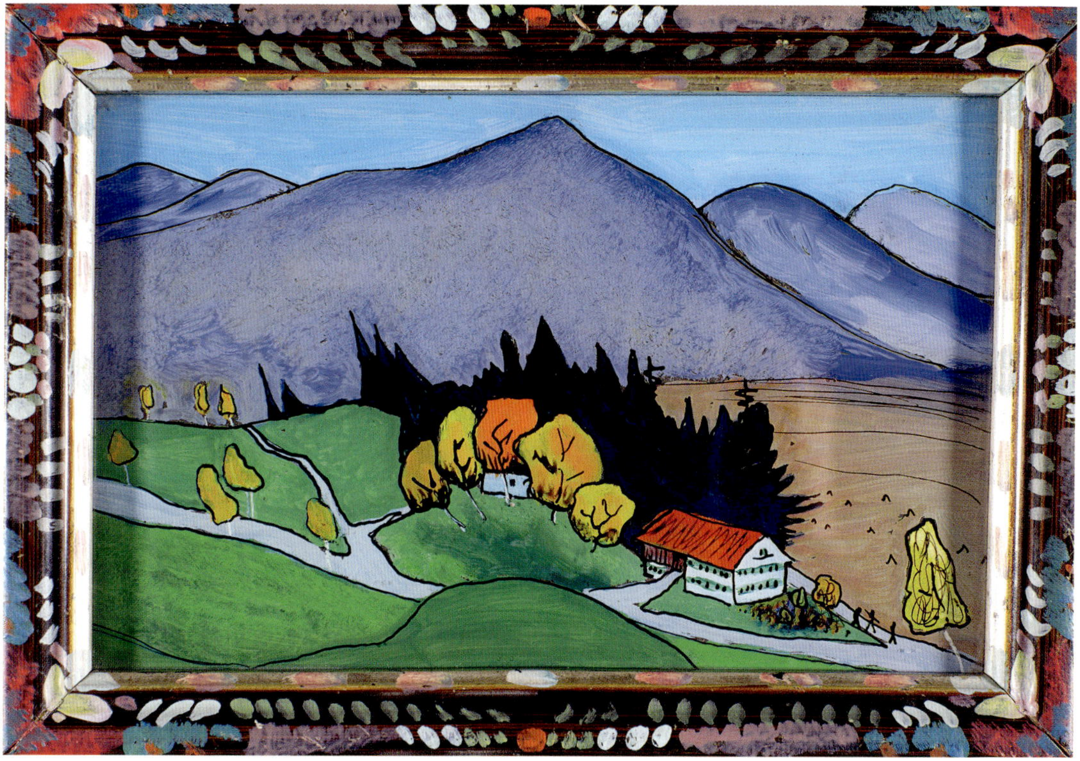

Gabriele Münter
Kahnfahrt, 1910

Öl auf Leinwand
125,1 × 73,7 cm
Milwaukee Art Museum

Das Gemälde schildert eine gemeinsame Kahnfahrt über den bayerischen Staffelsee bei Murnau, wo Münter inzwischen ein Haus besaß, in dem sie zusammen mit Wassily Kandinsky wohnte. Mit von der Partie sind ein schwarzer Hund, Marianne von Werefkin, immer gut zu erkennen an ihren üppig dekorierten Hüten, Jawlenskys Sohn Andreas und stehend Kandinsky. Wenn man Münters Bild *Zuhören* (siehe Seite 50) ansieht, könnte man meinen, die Verwandtschaft zwischen dem dort dargestellten Jawlensky und seinem Sohn anhand der blauen Knopfaugen zu erkennen. Allerdings bildet Münter auch Kandinsky mit kleinen blauen Augen ab … Die von hinten dargestellte Frau an den Rudern ist Gabriele Münter selbst. Die Gruppe fährt über den ruhigen See. Im Hintergrund sind die nahen Berge zu sehen, sowie das Abendlicht, das noch unten am sonst dunklen Himmel hervorleuchtet. Zu diesem großen Gemälde gibt es mehrere vorbereitende Skizzen. In einer davon fehlt Kandinsky, sie zeigt nur die Frauen und das Kind. In einer anderen Zeichnung sind sowohl der stehende Kandinsky als auch Jawlensky mit seinem kahlen Kopf zu erkennen. Letztlich hat sich jedoch diese Version durchgesetzt, in der Kandinsky am Ruder steht, Marianne von Werefkin die Malerin und damit die Betrachterin oder den Betrachter fixiert, der aufgeweckte Bub und die Malerin selbst, die die Ruder übernommen hat. Die Szene erscheint, wie so oft bei Münter, wie ein Schnappschuss, den sie nicht fotografiert, sondern sich als Bild gemerkt zu haben scheint. Sie hatte offenbar die Gabe, interessante Szenen visuell schnell zu erfassen, was in den daraus resultierenden Bildern einen intuitiven und spontanen Eindruck erweckt. Die Formen sind fast auf das Notwendigste reduziert, die Farben klar und stark. Das Bild könnte in seiner konzentrierten Schlichtheit auch eines der Hinterglasbilder sein, wie sie Münter in dieser Zeit häufig gemalt hat. Es fehlen nur die dafür typischen schwarzen Konturen.
Man kann dieses Gemälde als einen rein ästhetischen Farbakkord lesen, als Hommage an die Landschaft: »Nirgends hatte ich eine solche Fülle von Ansichten vereint gesehen, wie hier in Murnau, zwischen See und Hochgebirge, zwischen Hügelland und Moos«, schrieb Münter dazu in ihren Erinnerungen. Und man kann das Bild auch inhaltlich sehen und interpretieren. Dabei käme man zur Illustration des Rollenverständnisses von Münter und Kandinsky. Er, ihr ehemaliger Lehrer, hat das Steuer in der Hand und gibt die Richtung vor, während sie an den Rudern die Dinge sowohl vorantreibt als auch die ausgleichende Kraft darstellt. Und das eben nicht nur in dieser Komposition, sondern auch im Leben der beiden.

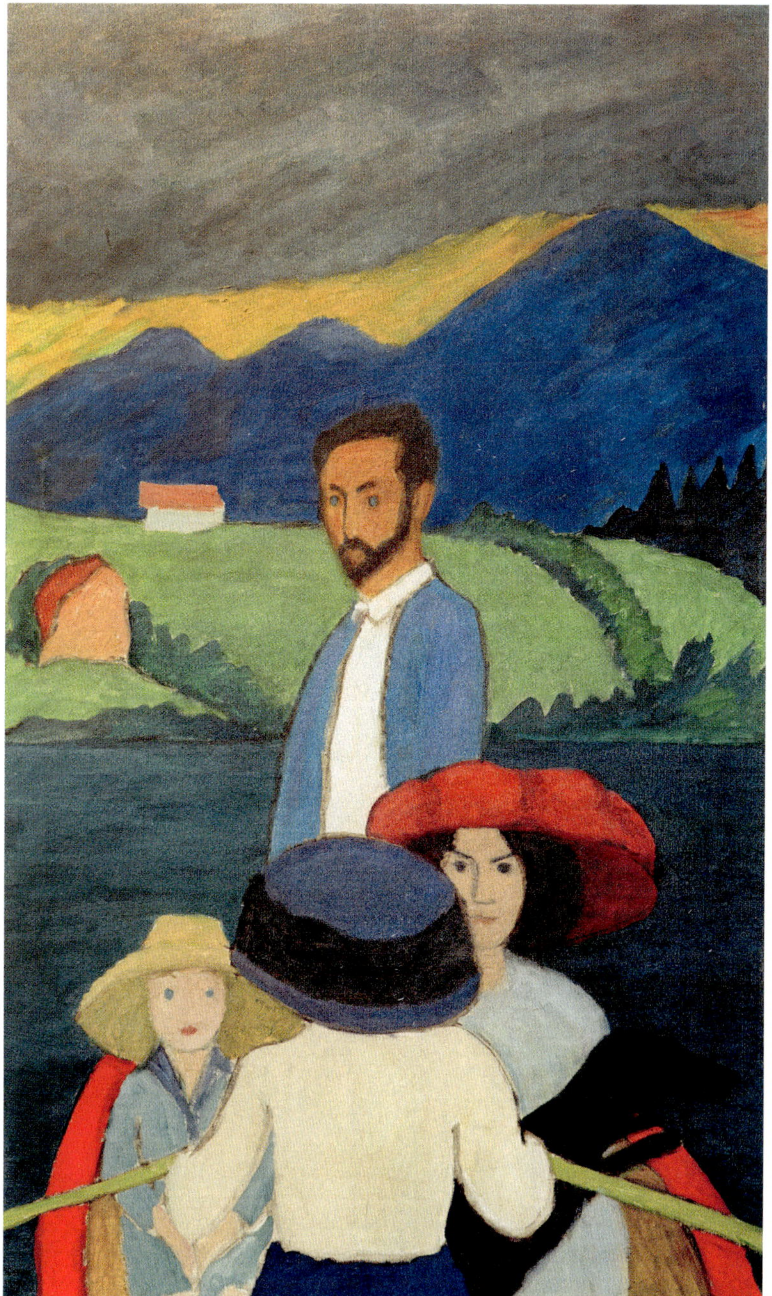

Marianne von Werefkin
Die schwarzen Frauen, 1910

Gouache auf Karton
72,5 × 111,5 cm
Sprengel Museum Hannover

Spitz zulaufende Perspektiven, Gruppen von Menschen, die gebeugt ihren Tätigkeiten nachgehen, und dunkle intensive Farben sind häufig die Elemente, aus denen Marianne von Werefkin ihre Bilder komponierte. Oft kommt, wie bei diesem Gemälde, ein dramatischer Sonnenuntergang dazu, der – je nach Befinden des Betrachters oder der Betrachterin – optimistisch oder bedrohlich erscheinen kann.
Dieses Gemälde dürfte, ebenso wie *Polizeiposten in Wilna* (siehe Seite 100), von ihrem Aufenthalt 1909/10 in Kaunas inspiriert gewesen sein. Die Frauen haben ihre Arbeit, das Wäschewaschen an dem schmalen blauen Bach, beendet und gehen mit den schweren Wäschesäcken nach Hause, um noch vor der drohenden Dunkelheit dort anzukommen. Wie so oft erkennt man keine Individuen; alle tragen die gleiche schwarzblaue Kleidung, die gleichen Kopftücher und die gleichen weißen Säcke. Sie gleichen sich wie die weißen Häuser mit den schwarzblauen Dächern, die im Hintergrund ordentlich aufgereiht stehen. Es macht aber nicht den Eindruck, als gingen die Frauen in diese Häuser, sondern links an ihnen vorbei ins Unbekannte. Zu diesem Gemälde gibt es eine kleine Skizze, die deutlich fröhlicher und unbeschwerter anzusehen ist. Die Perspektive ist die gleiche, aber hier stehen vor der Bergkulisse bunte Häuser, es ist ein heller Tag und die Frauen sind blau und rot gewandet. Sehr wahrscheinlich hat Werefkin diese Skizze im bayerischen Oberland gezeichnet. Nach ihrer Reise nach Litauen zu ihrem Bruder scheint sich ihre Gedanken- und wahrscheinlich auch Gefühlswelt deutlich verfinstert zu haben. Was einerseits mit der Beziehung zu Jawlensky und allen Schwierigkeiten, die sich daraus ergaben, zu tun hatte, und andererseits, wie sie selbst schreibt: »[...] ich erkenne viel deutlicher als je zuvor, dass ich alle meine Kunst aus meiner russischen Seele schöpfe, sie ist es, die versteht, was das Leben auf Russisch heißt – ein Synonym für Grauen.« Und sie ist es, die eine fast heitere Skizze aus Bayern in eine russische Düsternis verwandelt: »In Russland gibt es keine Jugend, keine Lebensfreude, keine sorglose Ausgelassenheit, kein Licht. Das ist wie eine furchtbare Stadt von Kubin, mit all ihren Gräueln, die einen bis aufs Knochenmark erschüttern [...].«
Was bei Werefkins Bilder auffällt, ist etwas, was nicht da ist: Es gibt keine Schatten. Wie Peter Schlemihl in dem Märchen von Adelbert von Chamisso (1781–1838), der seinen Schatten verkauft und damit von der Gesellschaft ausgeschlossen wird, haben Werefkins Figuren keine Schatten und wirken in den Bildern häufig auch wie ausgestoßen, selbst wenn sie wie hier zu mehreren auftauchen.

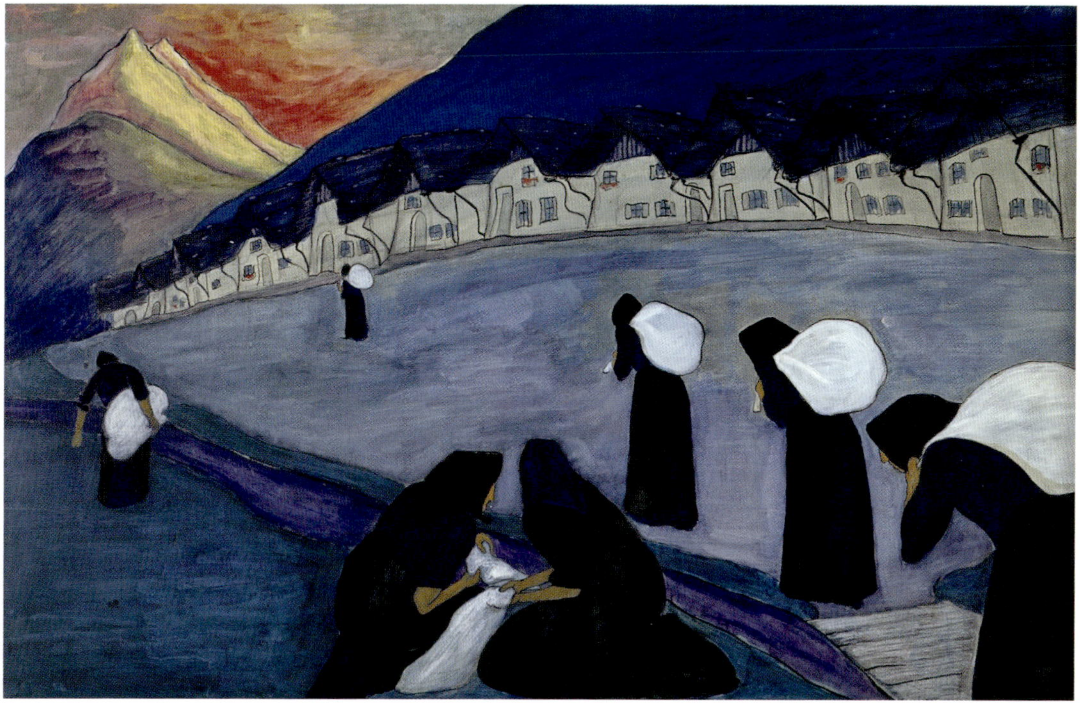

Marianne von Werefkin
Schindelfabrik, 1910

Mischtechnik auf Karton
105 × 80 cm
Museum Wiesbaden

Marianne von Werefkin arbeitete prinzipiell anders als ihre Kollegen und Freunde, mit denen sie in den Sommern ab 1908 zusammen das Voralpenland von Murnau aus mit der Kutsche oder der Bahn durchstreifte. Werefkins Augenmerk galt weniger der reinen Landschaftsmalerei oder den Stillleben nach Dingen, die sie in ihren Stuben fanden, und der stetigen Reduzierung der Formen, sondern mehr dem Menschen, seiner Arbeit, seinem Alltag und seinem Schicksal. So sieht man in diesem Bild einen Mann, der sich, etwas gebeugt und die Jacke übergeworfen, von der Fabrik, in der er wohl gearbeitet hat, auf den Heimweg oder den zum Dorfwirt macht. Die Schindelfabrik in Oberau, die der im Bild Jawlenskys (siehe Seite 86) ähnelt (und sehr wahrscheinlich dieselbe ist), steht verlassen und rundherum abgeschlossen vor den aufragenden Bergen der Ammergauer Alpen. Die Szenerie wirkt bedrohlich und unsicher. Alles ist schief: die Gebäude, der fast absurd hohe Kamin, die Röhren und auch der Arbeiter scheinen keinen sicheren Stand mehr zu haben. Dies ist allerdings kein Hinweis darauf, dass die Fabrik vor einer Schließung oder Ähnlichem stand, denn sie bestand auch noch nach dem Ersten Weltkrieg weiter. Die Berge wirken, wie bei Jawlensky, beängstigend und alles ist in eine eigenartige Dämmerung getaucht. Die einzigen Lichtblicke sind die vom letzten Licht erhellten, beschneiten Berggipfel und der gelbe Busch hinter dem Mann, dem das schwindende Abendlicht noch ein Leuchten zu entlocken scheint, sowie das Gesicht des Arbeiters, das auch noch einen Schimmer des Abendrots reflektiert. Das Thema des menschlichen Schicksals und der Einsamkeit sowie die fließenden Formen und perspektivischen Zuspitzungen, die Werefkin in diesem und anderen Bildern dieser Zeit zeigt, erinnern an das Werk des norwegischen Malers Edvard Munch (1863–1944), das sie bewunderte und ausführlich studierte.

Anders als die anderen Mitglieder des Blauen Reiters arbeitete Werefkin ihre Bilder nicht direkt in der Natur vor dem Objekt aus, sondern fertigte Skizzen an, nach denen sie später ihre Gemälde schuf. Ihre Farbflächen gestaltete sie außerdem sorgsam und inhaltlich erklärend, im Gegensatz zu den eher gröberen, in lockerem Pinselduktus gemalten Flächen der anderen. Auch verwendete Werefkin selten Ölfarbe, sondern zog Aquarell- und vor allem Temperafarben vor, die sie meist auch noch selbst mischte.

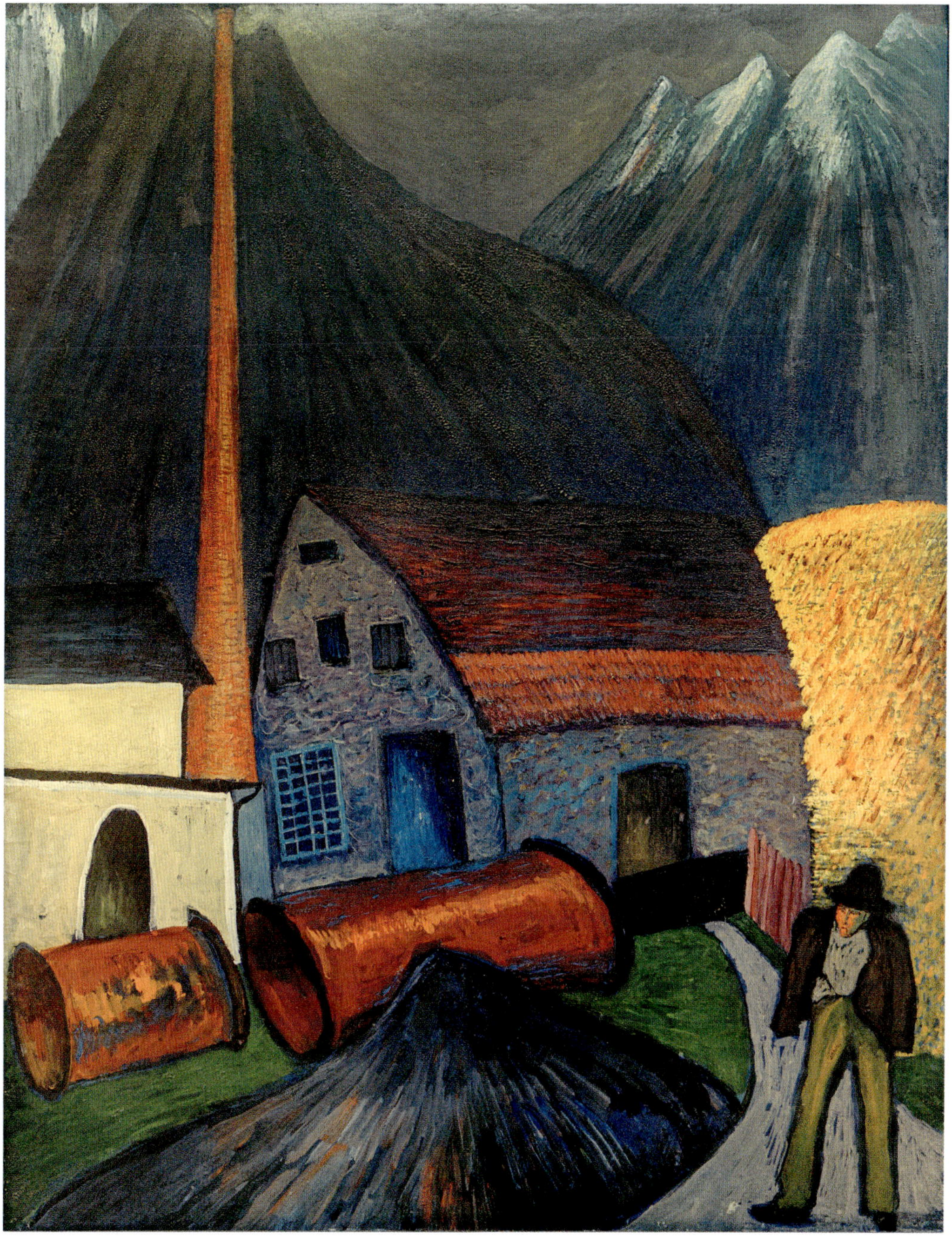

Marianne von Werefkin
Selbstbildnis I, um 1910

Tempera, Lackbronze auf Papier auf Pappe
51 × 34 cm
Städtische Galerie im Lenbachhaus und Kunstbau, München

Wer ein solches Porträt von sich selbst schafft, muss schon einigen Mut aufbringen. Wie in einem Schnappschuss schaut die russische Baronin über ihre rechte Schulter und hebt interessiert die Augenbrauen. Zinnoberrote Iris auf eisblauen Augäpfeln mit schwarzen Punkten als Zentrum ergeben einen stechenden, energischen Blick, der unter dem auffälligen Hut und über den fast sinnlichen Lippen die Betrachterin oder den Betrachter trifft. Der lange Hals vermittelt eine sehr aufrechte Haltung, die wiederum zur Energie des Blickes passt. Betont wird dieser noch von der gelben Reflexion, die über der Schläfe und den Wangenknochen schimmert. Der Hintergrund ist Blau und Grün und hebt die Figur so durch den Komplementärkontrast nochmals hervor. Es ist eines der außergewöhnlichsten Selbstporträts, vor allem was Frauen betrifft. Künstlerisch sieht man in der Pinselführung die Kenntnis der Malerei van Goghs, die hier vorbildhaft war. Marianne von Werefkin war den Briefen der Kollegen der NKVM und des Blauen Reiters nach zu urteilen eine ungewöhnliche Frau. Elisabeth Macke, die sie in der Entstehungszeit des Selbstbildnisses kennenlernte, beschreibt sie als »eine schmale hochgewachsene Gestalt […]. Man glaubte, ein junges Mädchen stünde da. Als sie sich umdrehte, sah man das vom Leben geprägte ausdrucksvolle Gesicht einer alternden Frau […].« Und weiter: »[…] sie hatte wohl auch die Geldmittel, die zu dem unbekümmerten Künstlerleben nötig waren, aber sie hatte auch die Herrschaft im Hause, sie bestimmte und nach ihrem Willen musste alles gehen.«
Vielleicht war ihr Selbstbildnis auch eine Reaktion auf die Porträts, die ihre Freunde und Kollegen in dieser Zeit von ihr angefertigt haben. Jawlensky porträtierte sie 1906 mit wachem, aber leicht unsicherem Blick im Stil der französischen Impressionisten (Museum Wiesbaden). Genau in der Zeit, als Werefkin wieder selbst mit dem Malen anfing. Gabriele Münter malte sie 1909 (Lenbachhaus München) und notierte dazu: »Die Werefkina malte ich 1909 vor dem gelben Sockel meines Hauses. Sie war eine pompöse Erscheinung, selbstbewusst, herrisch, reich gekleidet, mit einem Hut wie ein Wagenrad, auf dem allerhand Dinge Platz hatten.« Allerdings malte sie ein Gesicht, das eher eine Zwanzigjährige als eine fast Fünfzigjährige zeigt.
Werefkins Philosophie war die vom »erkennenden Sehen«. Sie schrieb dazu: »Die Welt des Künstlers ist in seinem Auge, dieses wiederum schafft ihm seine Seele. Dieses Auge zu erziehen, um dadurch eine feine Seele zu erlangen, ist die höchste Pflicht des Künstlers.« Ihr Selbstbildnis kann man also auch als ein Statement dazu betrachten, was ihre Kunst, die sie so lange nur theoretisch betrieben hatte, in den nächsten Jahren ausmachen sollte.

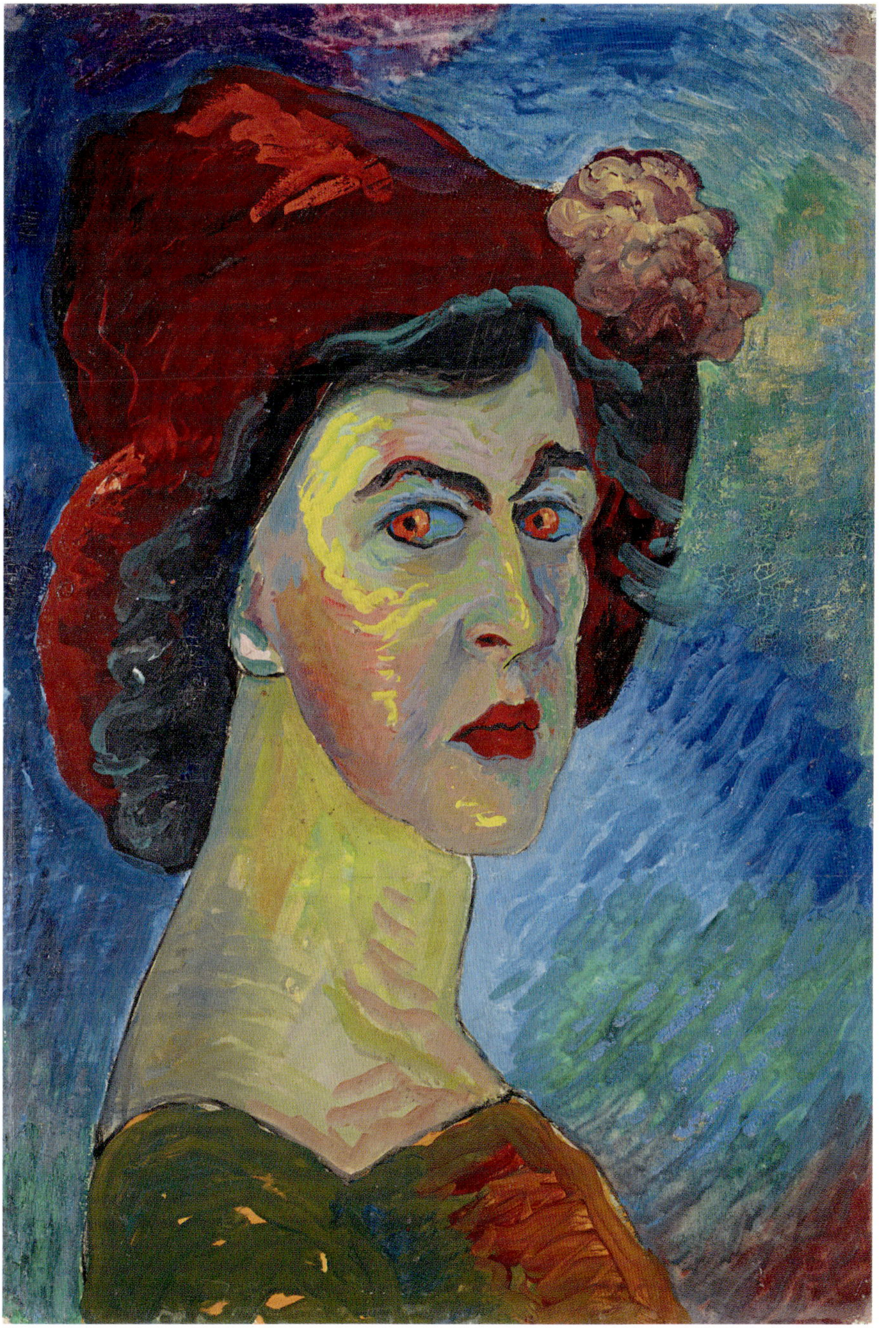

Franz Marc
Liegender Hund im Schnee, 1910/11

Öl auf Leinwand
62,5 × 105 cm
Städel Museum, Frankfurt am Main

Franz Marcs Hund Russi, ein sibirischer Schäferhund, war immer in seiner Nähe. Entweder lag er vor oder im Atelier oder der Maler nahm ihn mit, wie beispielsweise zu dem ersten Besuch beim Ehepaar Elisabeth und August Macke am Tegernsee im Januar 1910. »Ich […] sah mich einem schönen, eigenartig südlich anmutenden Mann gegenüber, breitschulterig, mit leichten eleganten Bewegungen, eine Pelzmütze auf dem Kopf […], ausdrucksvollen starken Zügen, in der Hand einen Biedermeierstock mit silbernem Knauf, neben ihm wie ein junger Eisbär sein Hund, der treue weiße Russi.« So erinnerte sich Elisabeth Macke an Herr und Hund.
Tiere verkörperten für Franz Marc das Dasein im Einklang mit der Natur. Für ihn waren sie das Idealbild eines ursprünglichen und reinen Lebens. Ohne Gedanken an Vergangenheit oder Zukunft sind Tiere, wie hier der friedlich schlafende Russi als Idealbild, sich selbst genug. Im Vergleich zu dem *Blauen Pferd* (siehe Seite 69) ist der Hund schon in deutlich geometrischen Formen aufgebaut. Über die Farbgebung eines weißen Hundes auf weißem Schnee hat Marc sich ausführlich Gedanken gemacht, die er August Macke in einem Brief mitteilte: »Ich malte meinen Russi liegend auf einem Schneefeld; ich machte den Schnee rein weiss mit rein blauen Tiefen; den Hund schmutzig-gelb. Im Prisma erschien das Gelb trübgrau, der ganze Hund von den tollsten Farbringen eingerandet. Ich machte nun den Hund ›reinfarbiger‹ (hellgelb); mit jedemmal, mit dem die Farbe reiner wurde, verschwanden die farbigen Ränder am Hund immer mehr, bis endlich ein reines Farbverhältnis zwischen dem Gelb, dem kalten Weiss des Schnees und dem Blau darin hergestellt war.« Das Prisma war eine Hilfe für Marc, durch die er ganz neue Aspekte der Malerei entdeckte. Angeregt war auch dieses durch seinen französischen Kollegen Robert Delaunay (siehe Seite 85).
Franz Marcs Russi erfreute und erfreut sich außergewöhnlicher Beliebtheit. Das Frankfurter Städel Museum erwarb das Gemälde 1919 von Maria Marc. 1937 wurde es im Zuge der nationalsozialistischen »Kulturpolitik« beschlagnahmt und landete in der Ausstellung *Entartete Kunst*. 1961 ergab sich für das Frankfurter Museum die Gelegenheit, es nochmals zu erwerben, was man auch tat. Und zwar um den dreifachen Preis der sonst üblichen Ankaufswerte. 2008 wählten die Städelbesucher es zu ihrem Lieblingsbild.
Bis in seine letzten Tage im Krieg machte Marc sich Gedanken über seinen getreuen Russi. Der Hund war sehr krank und Marc empfahl seiner Frau Maria in einem seiner letzten Briefe aus dem Feld, ihn einschläfern zu lassen: »Das Tierchen hat ein friedliches, liebes Leben bei uns gehabt […]«, schrieb er, und »daß ihn Bauer unbedingt schmerzlos in seinen Hundehimmel schicken soll«.

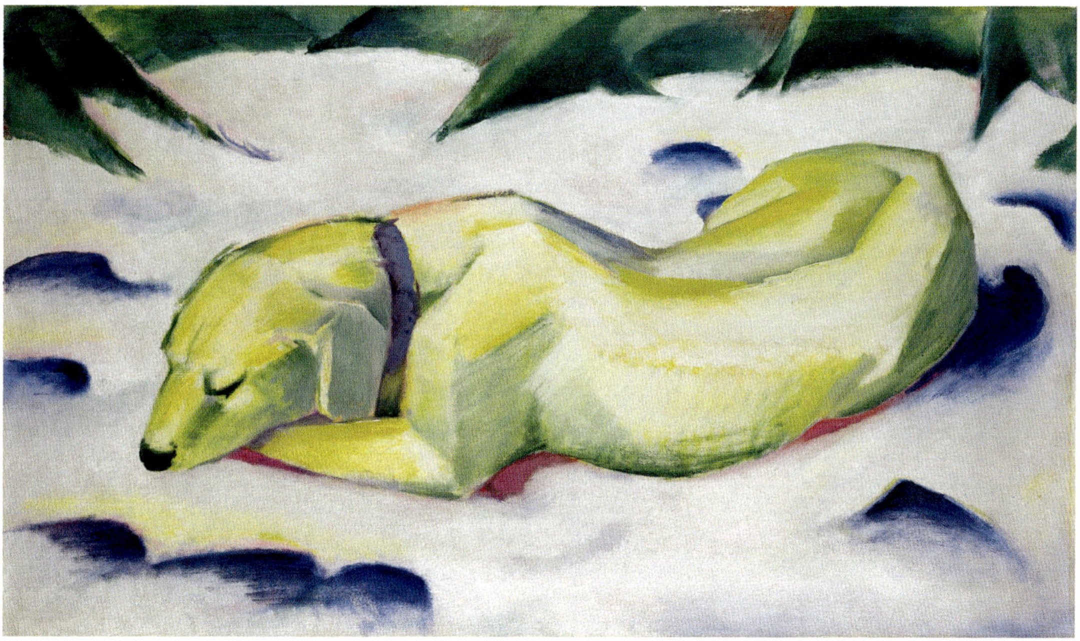

Arnold Schönberg
Gehendes Selbstporträt, 1911

Öl auf Pappe
49 × 44,9 cm
Belmont Music Publishers, Los Angeles

Am 2. Januar 1911 besuchten die »Blauen Reiter« um Kandinsky ein Konzert des Wiener Komponisten Arnold Schönberg (1874–1951), das alle nachhaltig beeindruckte. So wie die Malerinnen und Maler auf der Suche nach neuen Ausdrucksformen waren, so war es auch der Musiker. Es wurde unter anderem das *2. Streichquartett* zum Besten gegeben. Anders als oft geschrieben, handelte es sich dabei noch nicht um Schönbergs Zwölftonmusik, die ihm seinen Platz in der Musikgeschichte sicherte. Die entwickelte er erst um 1920. Das 2. Streichquartett ist ein Schlüsselwerk der atonalen Musik, die sich nicht mehr auf den tonalen Grundton bezieht und die Moll-Dur-Systematik verlässt. Diese Freiheit des musikalischen Ausdrucks inspirierte vor allem Kandinsky (siehe Seite 75), der auch gleich Briefkontakt mit Schönberg aufnahm.
Schönberg beschäftigte sich seit 1906 mit der Malerei, wobei (Selbst-)Porträts und »Visionen« den größten Teil seiner über 300 Werke ausmachen. »Es gab mir die Möglichkeit, mich auszudrücken, meine Emotionen, Ideen und Gefühle mitzuteilen; das ist vielleicht der Schlüssel, diese Bilder zu verstehen – oder auch nicht.« Er sah dabei einige Parallelen zu Kandinsky, dem er schrieb: »Obwohl ich ganz anders male, werden Sie doch Berührungspunkte finden. [...] Vor allem darin, daß sie scheinbar sehr wenig gegenständlich sind. Ich kann auch nicht glauben, dass die Malerei unbedingt gegenständlich sein muß. Ich glaube sogar bestimmt das Gegenteil. Wenn die Phantasie uns trotzdem Gegenständliches eingibt, dann, meinetwegen.«
Schönberg hatte, ähnlich wie Kandinsky, Respekt vor den Grenzen, die beide – jeweils in ihrem Genre – im Begriff waren, zu überwinden. So schrieb er, »daß die größte Freiheit, welche die freie und unbedingte Atmungsluft der Kunst ist, nicht absolut sein kann. Jeder Epoche ist ein eigenes Maß dieser Freiheit gemessen. Und über die Grenzen dieser Freiheit vermag die genialste Kraft nicht zu springen. Aber dieses Maß muss jedenfalls erschöpft werden und wird jedes Mal erschöpft.« Und wie Kandinsky, der nicht einfach »drauflos malte«, komponierte Schönberg nicht einfach »drauflos«. Ihm war klar, dass seine »Disharmonien« eine Begründung benötigten: »[Der Komponist] muss, wenn schon nicht Gesetze oder Regeln, so doch zumindest Wege finden, um den dissonanten Charakter dieser Harmonien und ihrer Abfolgen zu rechtfertigen«.
Kandinsky lud Schönberg ein, an der Ausstellung des Blauen Reiters teilzunehmen. Drei Bil der steuerte der Musiker bei, ebenso wie zwei zum späteren Almanach, zudem den Artikel *Das Verhältnis zum Text* und die Partitur seines Liedes *Herzgewächse* (op. 20). Macke war nicht begeistert: »Und jetzt noch der Schönberg! Der hat mich direkt in Wut versetzt, diese grünäugigen Wasserbrötchen mit Astralblick.«

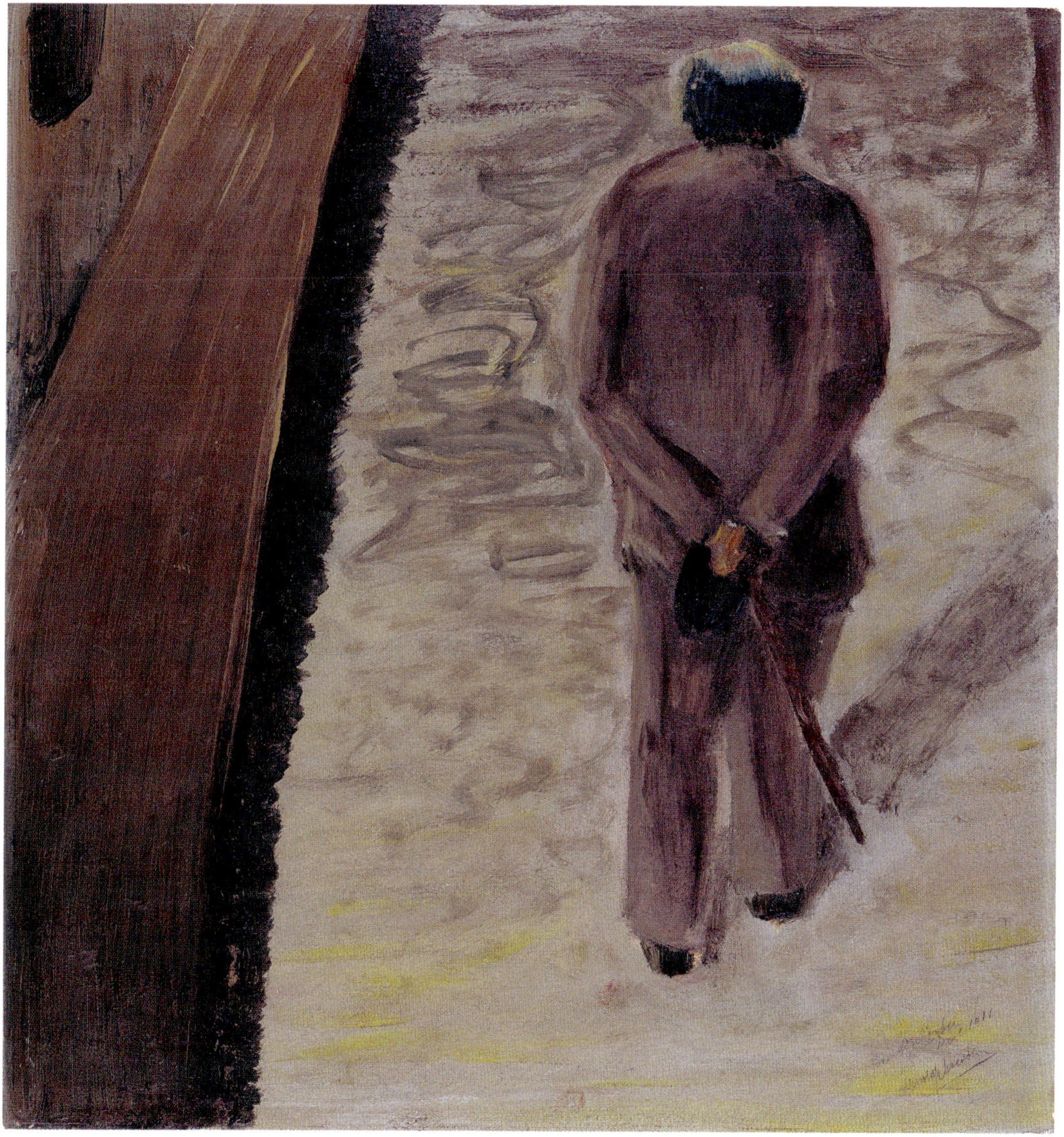

Franz Marc
Blaues Pferd I, 1911

Öl auf Leinwand
112 × 84,5 cm
Städtische Galerie im Lenbachhaus und Kunstbau, München

Das *Blaue Pferd I* ist eines der bekanntesten Gemälde Franz Marcs. Es ist auf etlichen Plakaten, Postkarten, Buchtiteln und Marketingartikeln zu sehen. Und das, obwohl es zur Zeit seiner Entstehung alles andere als Begeisterung hervorgerufen hat. Es war Teil der ersten Ausstellung des Blauen Reiters und tourte bis 1914 durch Deutschland und Europa. Viele Menschen verstanden nicht, was sie da sahen, weil es absolut neu und ungewöhnlich war, Tiere in derart unnatürlichen Farben zu malen: Blaue Pferde, gelbe Kühe und lila Füchse waren für viele Menschen der damaligen Zeit eher Hirngespinste als wahre Kunst. Erhebliche Irritationen waren die Folge. Wenn man etwas nicht versteht, kann man sich entweder damit beschäftigen, um es doch noch zu begreifen, oder schlicht ärgerlich werden. Viele der damaligen Betrachterinnen und Betrachter entschieden sich für Letzteres und beschimpften und bespuckten das Werk. Für uns heute ist das Bild kein Aufreger mehr, ganz im Gegenteil. Es ist beliebt, weil leicht verständlich durch einfache Formen und ausdrucksstarke Farben. Über hundert Jahre Kunstentwicklung und -betrachtung haben das Publikum das Sehen insofern gelehrt, dass es nicht mehr bei jeder Ungewöhnlichkeit in Empörung verfällt. Marc scheint noch probiert zu haben, welcher Grad der Abstrahierung für ihn funktioniert. Schon bald wurden die Formen kantiger und die Hintergründe kubistisch-abstrakter.
In diesem Bild sind die Farben das eher Ungewohnte als die Form, die noch traditionell wirkt. Helmuth Macke hat das beobachtet: »Seine Vorliebe für Tiere hat er natürlich beibehalten, aber in der Farbe hat er sich gründlich geändert.« Marc hatte seine eigene Theorie über Farben und ihre jeweilige Symbolkraft. In einem Brief vom Dezember 1910, also in der Entstehungszeit dieses Bildes, erklärt er seinem Freund August Macke seine Farbsymbolik: *»Blau ist das männliche Prinzip, herb und geistig. Gelb das weibliche Prinzip, sanft, heiter und sinnlich. Rot die Materie, brutal und schwer und stets die Farbe, die von den anderen beiden bekämpft und überwunden werden muss!« Dazu kommen noch diverse Farbmischungen, die er erklärt. Marc entfernt sich hier von der Farbe als Beschreibung eines Gegenstandes und bewegt sich hin zur Farbe als geistiges Symbol.*
Das Bild ist geprägt von komplementären Kontrasten, von Grün und Rot als der »Materie« unten, über Gelb und Violett sowie Blau und Orange ganz oben. Nachdem Marc in diesem und anderen Bildern dieser Schaffenszeit die Farbe auf eine neue künstlerisch-geistige Ebene gehoben, ihr ein neues Eigenleben gegeben hat, macht er dasselbe in der Folgezeit auch mit der Form.

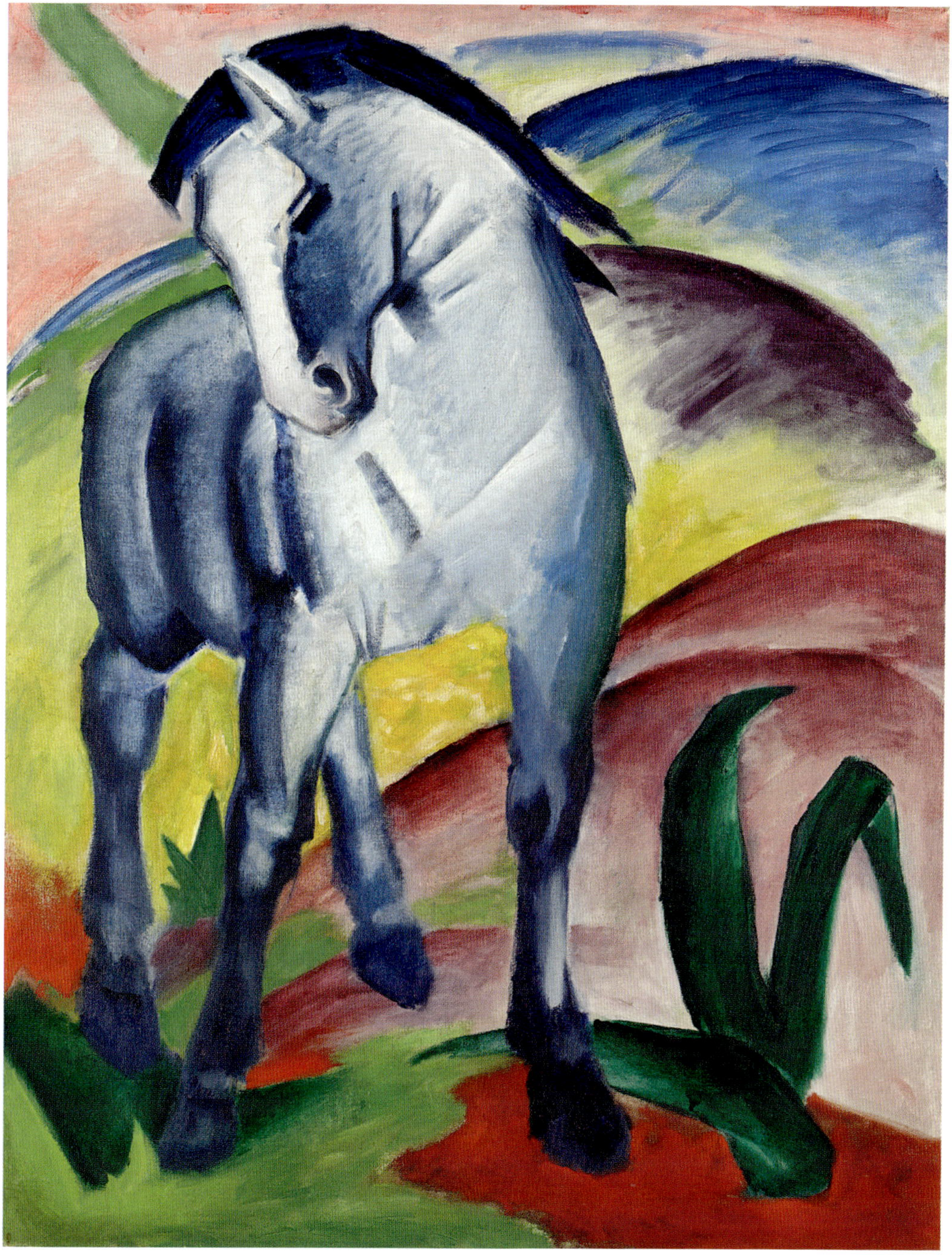

Franz Marc
Gelbe Kuh, 1911

Öl auf Leinwand
140,7 × 189,2 cm
Salomon R. Guggenheim Museum, New York

Das fröhlichste Bild des gesamten Blauen Reiters stammt vom wohl nachdenklichsten Maler der Gruppe, von Franz Marc. Wer kommt schon auf die Idee, eine gelbe (!) Kuh vor Alpengipfeln durch einen Wald springen zu lassen? Noch dazu mit einem dermaßen zufriedenen und genüsslichen, fast lächelnden Blick, wie man ihn bei Kühen sonst nur selten sieht. Neben *Reh im Walde I* und Kandinskys *Impression III (Konzert)* (siehe Seite 74) war dieses Bild einer der Gründe für die Spaltung der NKVM und den Austritt von Franz Marc. Als Werefkin davon hörte, war sie nach eigener Aussage ganz »platt« und hatte deswegen einen heftigen Streit mit den Kollegen in der NKVM.
Es gibt zwei weitere Varianten des Motivs: Das eine Kühe, rot, grün, gelb (1911; Städtische Galerie im Lenbachhaus und Kunstbau, München) zeigt neben der gelben Kuh ein rotes Kalb und dahinter noch ein grünes Rind. Die zweite Variante (1911; Kunstmuseum Moritzburg, Halle) ist eine große Skizze des New Yorker Bildes. Das Gemälde war also gut vorbereitet, was seiner versteckten Bedeutung angemessen erscheint. Denn dass diese Kuh so fröhlich dreinschaut, lässt sich vielleicht erklären, wenn man die Biografien von Franz Marc und Maria Franck sowie die Farbtheorie Marcs zusammenbringt: Im Juni 1911 reisten Franz Marc und seine Freundin Maria Franck nach London, um unter Umgehung der deutschen Bestimmungen endlich zu heiraten. Es war Marc ja kirchlicherseits noch verboten, ein zweites Mal die Ehe einzugehen, weil er für ein Jahr mit Marie Schnür verheiratet gewesen war (siehe Seite 23). Die englische Eheschließung gelang zwar nicht, aber das hielten die beiden Brautleute geheim und Maria nannte sich seither Maria Marc. Im selben Jahr entstand das Gemälde, das man also durchaus als ein, wenn auch sehr spezielles, Hochzeitsbild sehen kann. Denn laut Marcs Farbtheorie symbolisiert Gelb, eine »sanfte, heitere und sinnliche« Farbe, die Weiblichkeit, während Blau, das »Spirituelle und Intellektuelle«, für die Männlichkeit steht. Folglich kann man die Berge im Hintergrund als den Bräutigam und die fröhliche Kuh als Braut interpretieren und im Lächeln den Gemütszustand der frisch gebackenen Ehefrau erkennen. Dazu passend beschrieb Elisabeth Macke Maria Francks Aussehen bei ihrem ersten Treffen: »Ich sehe sie noch vor mir: breit und üppig [...]. Sie war ganz blond mit etwas slawisch breiten Gesichtszügen und hellen Augen. Als sie sich aus ihren warmen Umhüllungen herausschälte, sah man erst das wundervolle dicke goldblonde Haar, das sie in einem schweren Knoten aufgesteckt trug.« Heinrich Campendonk drückte es später etwas prosaischer aus: »Frau Marc ist zwar dick, aber doch Künstlerin.« Die tatsächliche Heirat fand schließlich im Juni 1913 auf dem Münchner Standesamt statt.

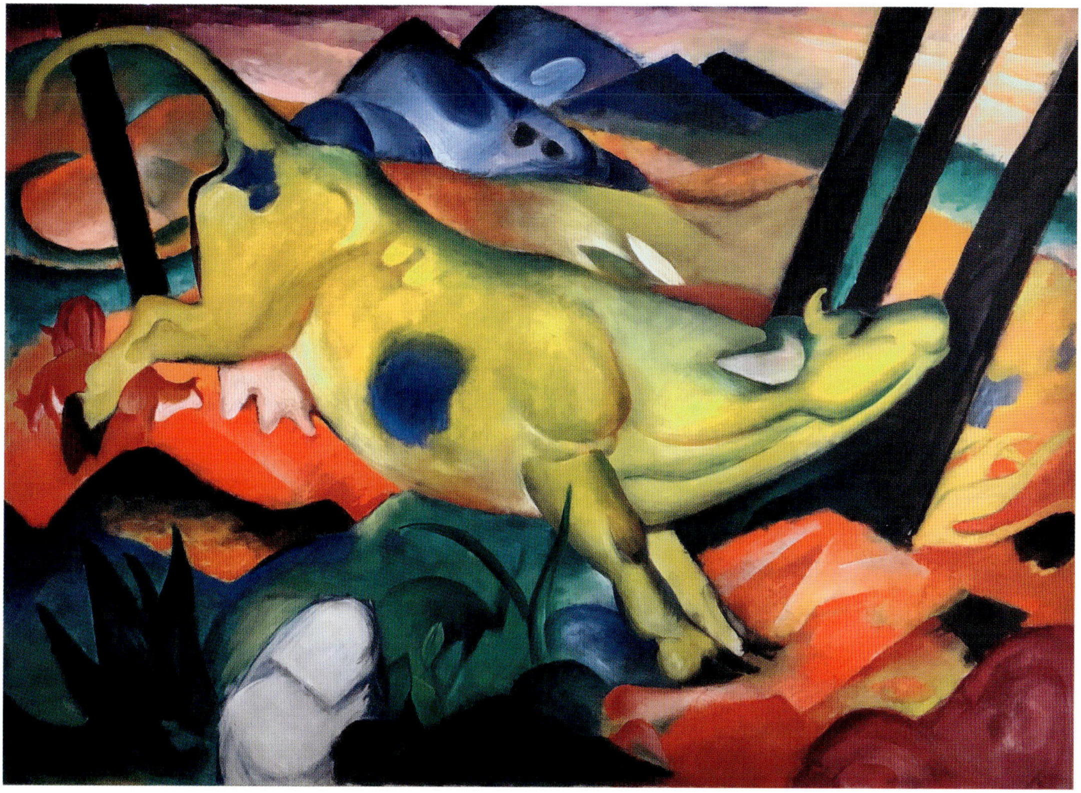

Franz Marc
Hocken im Schnee, 1911

Öl auf Leinwand
79,5 × 100 cm
Franz Marc Museum, Kochel am See

Auch wenn ein Bild nicht abstrakt gemalt ist, erkennt man nicht unbedingt gleich, was es darstellen soll, wenn man den Namen nicht kennt. Dieses Bild könnte auch »Drei Birnen im Schnee« heißen, »begleitet von drei auftauchenden Buckelwalen«. Warum nicht? Marc selber hat sich öfter darüber mokiert, dass »Bilderfindungen« von Malern nicht anerkannt werden, anders als bei den schreibenden Kollegen: »Wenigstens haben die Schriftsteller beim Publikum durchgesetzt, daß bei ihnen der Mond in die Zimmer spazieren darf, man darf sogar eine Sonne im Herzen tragen, Sterne herunterholen usw. Aber lassen Sie mal einen Maler den Mond in einer Stube aufhängen oder auf den Tisch legen usw. Manches ist auf dem Verordnungswege erlaubt worden, z. B. einem Pferd Flügel anzusetzen [...].« Und weil diese Freiheit den Malerinnen und Malern noch nicht zugebilligt wurde, sind hier eben nicht drei Birnen, sondern drei Hocken, also aufgestapelte Heuhaufen, zu sehen, wie sie in der Gegend um Sindelsdorf, wo dieses Gemälde entstand, genannt wurden. Was der Maler Marc allerdings schon durchgesetzt oder zumindest begonnen hat, war das Ende der Farbe als Gegenstandsbeschreibung. Er malte nicht mehr naturalistisch, und der symbolische Gehalt der Farbe wurde bei seinen Bildern in dieser Zeit bedeutender, wie beispielsweise bei *Blaues Pferd I* (siehe Seite 69).
Natürlich sind Heuhocken in natura nicht so farbig; es scheint, als hätte Marc hier auf den Schnee reagiert, der, wenn es genug davon geschneit hat, im Stande ist, die Umgebung surreal zu verändern. Möglicherweise hat das Marc dazu verleitet, auch die Farben nach seinen Ideen zu verändern. Welche Symbolik hinter den farbigen Heuhaufen stecken könnte, bleibt unklar, aber vielleicht ist es auch tatsächlich nicht relevant. Denn anders als Kandinsky, für den die »Schönheit der Farbe und der Form [...] (trotz der Behauptung der reinen Ästheten oder auch der Naturalisten, die hauptsächlich auf ›Schönheit‹ zielen) kein genügendes Ziel in der Kunst« ist, scheint der »Romantiker« Marc darin durchaus etwas Sinnhaftes und Wertvolles zu sehen. Hier beispielsweise hat er die ohnehin schon schlichten Formen der Hocken noch mehr vereinfacht, durch die satte Farbgebung vom Naturvorbild gelöst und daraus einen schönen Farb- und Formakkord geschaffen.
Wer Marcs Verwandlung der Hocken in Kunst nachvollziehen will, dem sei der »Sindelsdorfer Malerweg« empfohlen, wo man solche Gebilde quasi zum Andenken an den wohl bekanntesten Bewohner des Dorfes und sein Werk aufgestellt hat.

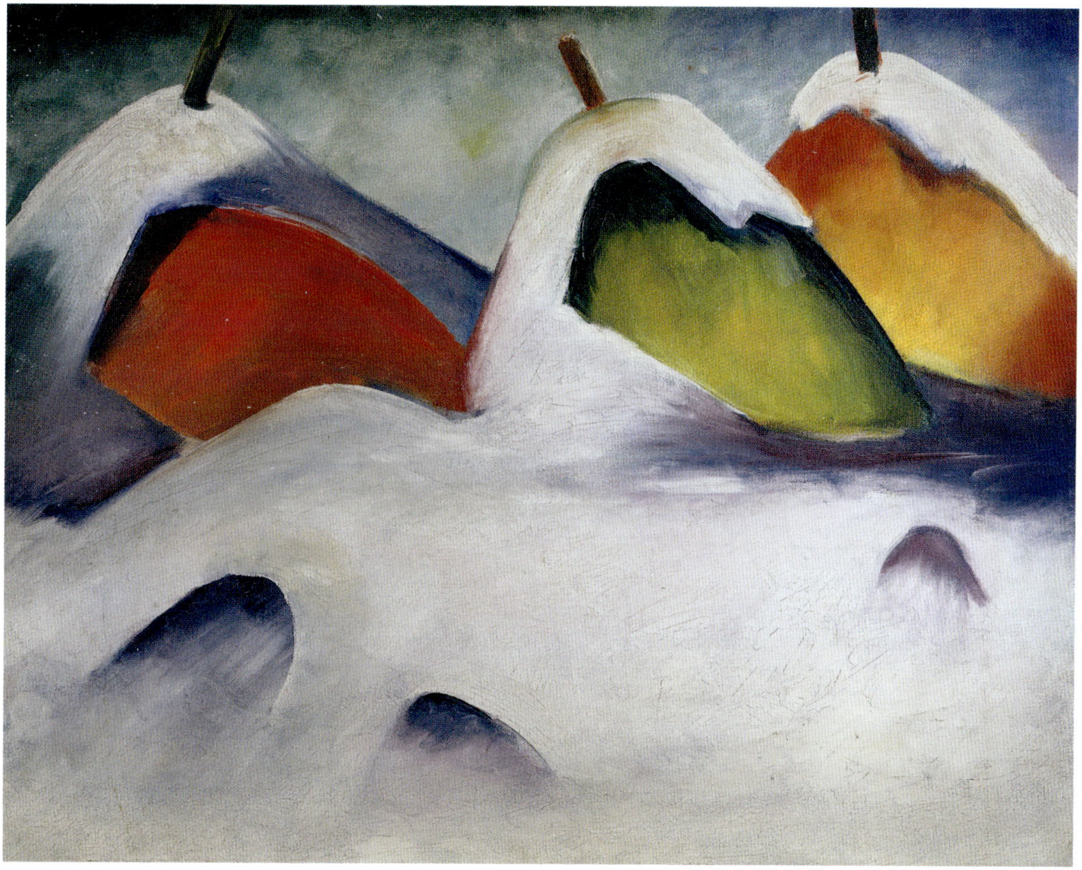

Wassily Kandinsky
Impression III (Konzert), 1911

Öl auf Leinwand
77,5 × 100 cm
Städtische Galerie im Lenbachhaus und Kunstbau, München

Dieses Gemälde entstand unter dem direkten Eindruck des Konzertes von Arnold Schönberg, dass die »Blauen Reiter« am 2. Januar 1911 besucht hatten (siehe Seite 66). Neben dem 2. *Streichquartett* (op. 10) spielte Schönberg auch die *Drei Klavierstücke* (op. 11). In beiden Stücken löste er sich von der klassischen Tonalität, ähnlich wie Kandinsky sich von der traditionellen Malerei löste. Es ist gerade bei Kandinsky nicht verwunderlich, dass ihn wieder ein musikalisches Erlebnis auf neue, umwälzende Ideen bringt, denn schließlich war es Richard Wagners *Lohengrin*, der den Maler 15 Jahre zuvor in Moskau zu seiner Kunst führte. So, wie Wagner ein Neuerer der Musik seiner Zeit war, war es Schönberg in seiner – und beide Male hat die Musik Kandinsky zu neuen Schritten in seiner Kunst inspiriert. Bei Kandinsky wie bei Schönberg geht der Schritt in die Moderne dabei nach Regeln vor sich, die sie sich selbst gegeben haben.
Im Pariser Centre Pompidou, das einen großen Teil des Nachlasses von Kandinsky bewahrt, finden sich zwei postkartengroße Kohlezeichnungen zu diesem Gemälde. Das kleine Format der Zeichnungen und ihre spontane Skizzenhaftigkeit lassen vermuten, dass Kandinsky sie im Konzertsaal angefertigt hat. Sie zeigen, welche gegenständlichen Elemente der Künstler in das Gemälde übertrug und wie er es komponiert hat. Auf der einen Zeichnung ist ein Raum angedeutet, in dem man das Publikum, den Flügel samt Pianisten und einen Kronleuchter erkennen kann. Auf der anderen sieht man, sehr schnell und skizzenhaft angedeutet, ebenfalls das Publikum und den Flügel mit Pianisten, außerdem zwei Lampen. Dazu kommen vier schriftliche Notizen, die man im Bild tatsächlich als Farben umgesetzt wiedererkennt. Rechts steht »gelb« und auf dem geöffneten Deckel des Flügels »schw.«. Dazu kommen zwei »w« für Weiß, die jeweils mit zwei Linien abgegrenzt sind. All das kann man im Gemälde gut nachvollziehen. Der gelbe Raum, die gelbe Fläche, die das Bild bestimmt, grenzt an das Schwarz des Flügels. An seinem oberen Teil läuft eine weiße Bahn über das Instrument; genauso wie links im Bild eine weiße Bahn erscheint, die von der in der Zeichnung erkennbaren Lampe unterbrochen wird. Im linken unteren Quadranten des Gemäldes kann man das Publikum erahnen, das der neuartigen Musik lauscht.
Kandinsky beginnt in dieser Zeit seine Gemälde in drei Gruppen zu unterteilen: »Impression«, »Improvisation« (siehe Seite 91) und »Komposition« (siehe Seite 77). Bei den »Impressionen« geht es ihm um den direkten Eindruck von der »äußeren Natur«, der entweder zeichnerisch oder, wie in diesem Fall, malerisch umgesetzt werden soll. Im Vergleich zu *Murnau mit Kirche I* (siehe Seite 53) ist Kandinsky hier wieder einen entscheidenden Schritt weiter in Richtung Abstraktion und reiner Malerei gegangen.

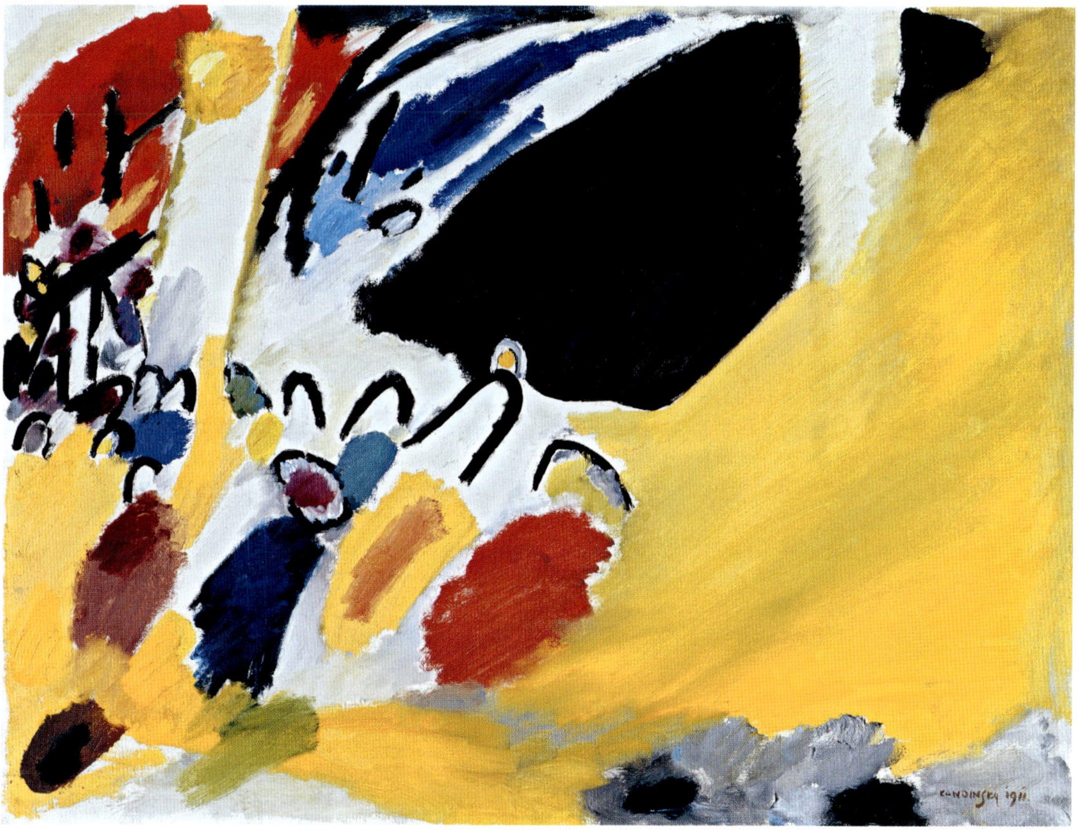
KANDINSKY 1911

Wassily Kandinsky
Komposition V. (Das Jüngste Gericht), 1911

Öl auf Leinwand
190 × 275 cm
Privatsammlung

Dieses sehr große Gemälde war der Grund und Anlass für den Streit bei der Auswahl der Werke für die dritte Ausstellung der Neuen Künstlervereinigung München, der schließlich zum Austritt Kandinskys, Münters und Marcs sowie der ersten Ausstellung des Blauen Reiters führte. Das vordergründige Argument, das Bild abzulehnen, lag in seiner Größe (siehe Seite 31). Entscheidender aber war natürlich die Art der Malerei, die vielen Mitgliedern einfach zu weit ging. Viele Einzelheiten über die heftige Diskussion kennen wir aus einem Brief, den Maria Marc an August Macke geschrieben hat. Demnach ging es hoch her und Marianne von Werefkin bestand auf Kandinskys Recht, zu erfahren, warum das Werk abgelehnt werden sollte. Manche »verstanden« es nicht, worauf Werefkin erwiderte, dass das kein Ablehnungsgrund sei. Einer hielt es für Kunstgewerbe. Maria Marc selbst spricht von dem Bild als »das wohl merkwürdigste, was je gemalt wurde und das jeden Menschen, der künstlerisch fühlt, packen und ergreifen muß«. Und zu den jüngeren Kollegen, die es ablehnten, hat sie auch einen interessanten Satz geschrieben: »Das war wohl noch nie da, daß die Jungen die Alten aufhalten wollen.«
Neben den bräunlich grünblauen Farben bestimmen die vielen schwarzen Linien das Bild. Vor allem die dicke, die das obere Drittel wie eine Peitsche beherrscht und sich nach rechts oben hin verflüchtigt. An manchen Stellen kann man wieder Reminiszenzen an die gegenständliche Welt erkennen, wie beispielsweise am oberen Rand, wo eine Kremlstadt vor rotem Hintergrund aufzuleuchten scheint. Auch meint man, in dieser Komposition schemenhafte Vogelflügel (links) und Engelswesen (rechts) zu erkennen.
»Komposition« ist eine der drei Kategorien, in die Kandinsky seine Werke unterteilt hat (siehe Seite 74). Dabei werden in der »Komposition«, ähnlich wie auch in der »Improvisation« »Vorgänge des inneren Charakters« ausgedrückt, mit dem Unterschied, dass sie sich sehr langsam ausbilden und »lange, beinahe pedantisch nach ersten Entwürfen von mir geprüft und ausgearbeitet werden. [...] Hier spielt die Vernunft, das Bewußte, das Absichtliche, das Zweckmäßige eine überwiegende Rolle. Nur wird dabei nicht der Berechnung, sondern stets dem Gefühl recht gegeben.«
1914 versuchte Kandinsky in einem Vortrag, seinen Weg zu diesem und anderen Gemälden zu erläutern: »Ich kürzte das Ausdrucksvolle durch Ausdruckslosigkeit ab. Ein an und für sich im Ausdruck nicht sehr klares Element unterstrich ich durch die äußere Lage, in die ich es stellte. Den Farben nahm ich ihre Deutlichkeit im Klang, ich dämpfte auf der Oberfläche und ließ ihre Reinheit und ihre wahre Natur wie durch ein Mattglas herausleuchten.«

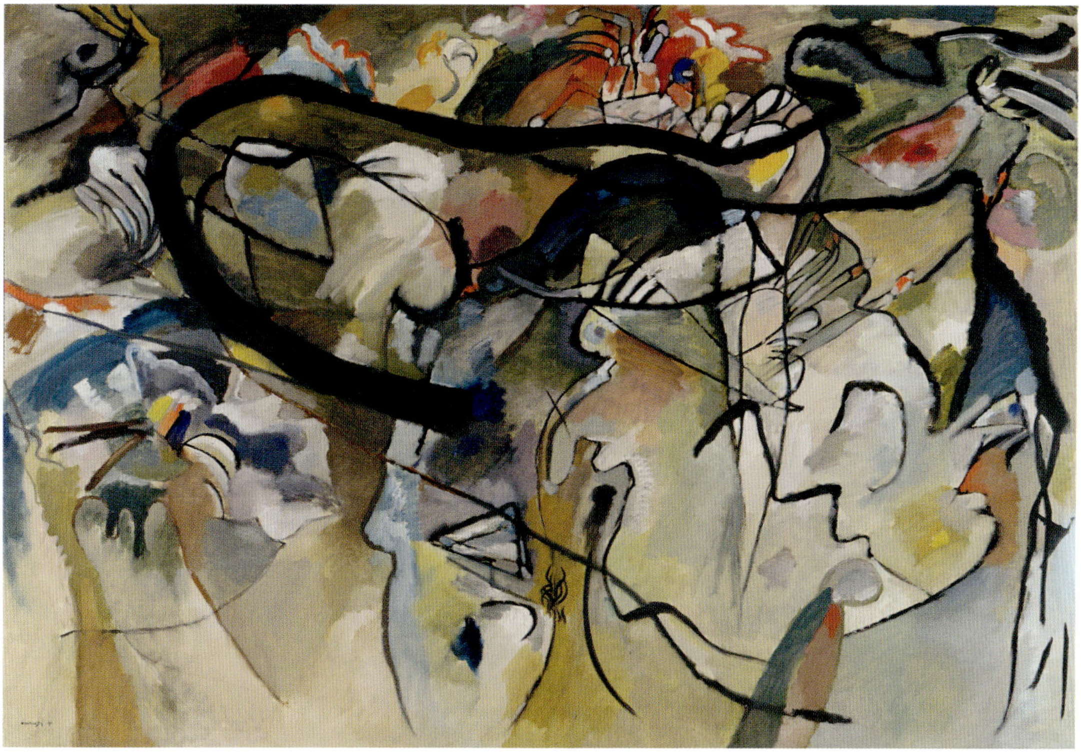

Wassily Kandinsky
Titelbild für den Almanach Der Blaue Reiter, 1911

Farbholzschnitt, Blau und Schwarz auf Karton
31,2 cm x 25 cm
Städtische Galerie im Lenbachhaus und Kunstbau, München

Nachdem die Idee für den Almanach begeistert aufgenommen worden war, legten Kandinsky und Marc größten Fleiß an den Tag und formulierten Gedanken dazu, die für heutige Ohren bisweilen fast religiös klingen: So zierte das Titelblatt nach elf Entwürfen letztlich der hl. Georg zu Pferde – ein heiliger Ritter als Symbol des christlichen Kampfes gegen das Böse oder auch den Unglauben. Für die beiden, Kandinsky und Marc, war das Ganze ein geradezu missionarisches Projekt, in dem sie »neue Formen verkünden« und ein »Bewusstsein des geheimen Zusammenhangs der neuen künstlerischen Produktion« entfachen wollten. Sie sahen sich als Wegbereiter einer neuen Ära der geistigen Kultur. »In unserer Epoche des großen Kampfes um die neue Kunst streiten wir als ›wilde‹, nicht organisierte gegen eine alte organisierte Macht. Der Kampf scheint ungleich, aber in geistigen Dingen siegt nie die Zahl, sondern die Stärke der Ideen.« Trotzdem wird der Almanach 141 Abbildungen, 19 Artikel und drei Musikbeilagen beinhalten. Neben Bildern der »Blauen Reiter« sowie von Kubin und Klee findet man unter anderem Werke der modernen Franzosen Picasso, Matisse, Delaunay und Rousseau, ebenso wie Benin-Bronzen, japanische Holzdrucke, bayerische Hinterglasmalerei, Bildwerke aus Mexiko, Borneo, Kamerun und von den Osterinseln, christliche Seidenstickerei des 14. Jahrhunderts, ein Gemälde El Grecos aus dem 16. Jahrhundert, griechische Malerei, russische Volkskunst und Kinderzeichnungen. Die Musikstücke stammen von Arnold Schönberg und seinen beiden Schülern Alban Berg und Anton von Webern. Die Idee hinter diesem Sammelsurium war einerseits, die Zeitgenossen mit den unterschiedlichsten – modernen – künstlerischen Ausdrucksformen zu konfrontieren. Andererseits wollte der Blaue Reiter die »feinen Verbindungsfäden« der Moderne mit der »primitiven Kunst« zeigen, um die These zu untermauern, dass alle »echte« Kunst gleich und gleich gut ist, wenn sie nur der »inneren Notwendigkeit« folgt, aus der sie, besonders nach Meinung Kandinskys, entstehen muss. Der Almanach ist auch ein umfassendes Werk der vergleichenden Kunstgeschichte, wobei ihnen die »Erkenntnis« besonders wichtig war, dass die »Wurzeln der Kunst in den Äußerungsformen der naiven Seele« liegen. Von hier aus würde die Richtung der zukünftigen Kunst zu zwei Polen laufen: der »Großen Abstraktion«, wie sie später Kandinsky selbst schaffen wird, und der »Großen Realistik«, die jedoch nicht eine besonders realistisch gemalte Kunst meint, sondern eine archaische Dingauffassung à la Rousseau oder der »primitiven Kunst«. Der Almanach erschien erst im Mai 1912, nachdem die *Erste Ausstellung der Redaktion Der Blaue Reiter* in München schon Geschichte und nun in Köln zu sehen war, mit einer Auflage von 1200 Exemplaren zum Preis von je 10 bzw. 14 Mark. Eine zweite Ausgabe wurde zwar geplant, aber immer wieder verschoben und schließlich nicht realisiert.

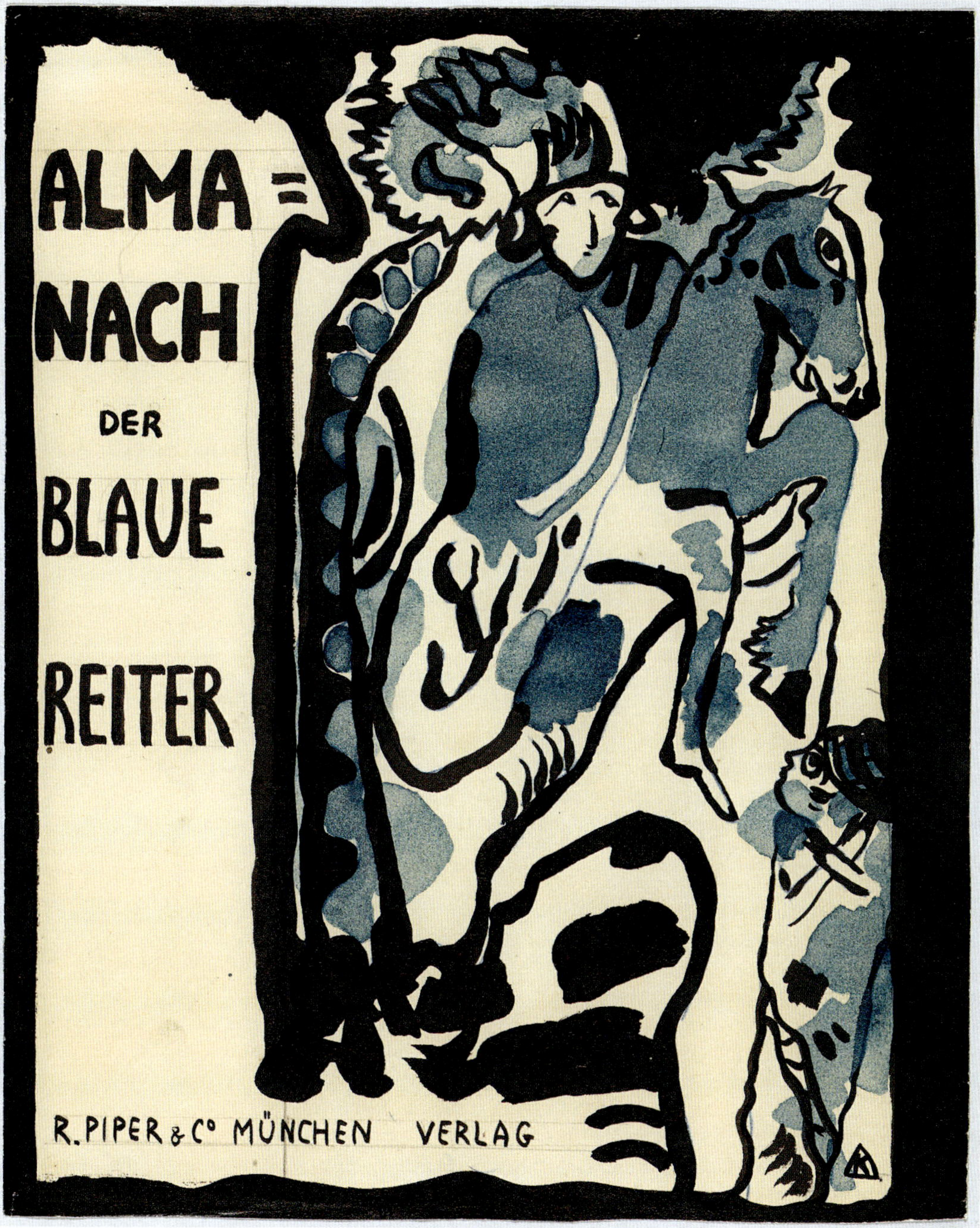
ALMA=
NACH
DER
BLAUE
REITER
R. PIPER & C° MÜNCHEN VERLAG

Maria Marc
Stillleben mit blauer Tasse und roter Schale, um 1911/12

Öl auf Leinwand
42 × 51 cm
Museum Ludwig, Köln

Maria Marc, geborene Franck, war nicht nur häufig das Modell ihres Gatten, sondern auch selbst Malerin. Geboren in Berlin machte sie eine Ausbildung zur Zeichenlehrerin, nahm Unterricht an der Akademie und kam 1903 nach München, wo sie in die Damenakademie eintrat. 1905 lernte sie Franz Marc kennen. Sie setzte sich gegen mehrere Konkurrentinnen durch und heiratete Marc schließlich 1913 (siehe Seite 70).
1909 mietete sich das Paar vorläufig in Sindelsdorf ein (im Jahr darauf zog es ganz dorthin) und arbeitete zusammen, wobei sich die beiden gut ergänzten: Während Franz der bessere Techniker war, war sie, alleine schon durch ihre Erfahrung mit der Kunstszene in Berlin und ihre Ausbildung deutlich bewanderter in kunsttheoretischen Fragen. Motivisch waren sie sich ähnlich, denn beide hegten unter anderem ein Faible für Tierbilder und beider Stil war zunächst vom Spätimpressionismus geprägt. Später ist in Maria Marcs Werken der Einfluss ihres Mannes erkennbar, aber auch von August Mackes Bildern und sogar von Gabriele Münter, obwohl das persönliche Verhältnis der beiden nicht sonderlich gut war. Deutlich zu sehen ist Maria Marcs Kenntnis der italienischen Futuristen um Umberto Boccioni (1882–1916), die auch in Franz Marcs Werk deutliche Spuren hinterlassen haben. Die kantigen, prismatischen Formen und die Durchdringung der Gegenstände mit dem Hintergrund, die man in dem Stillleben sieht, sind typisch dafür. Das Stillleben hat eine klare, ausgewogene Komposition und lebt vor allem vom Kontrast der drei Farben Blau, Rot und Grün. Das Museum Ludwig hat zur Ergänzung dieses Gemäldes auch die dargestellten Objekte erworben, die sich noch im Besitz von Maria Marc befanden: die rote Schale, die chinesische Reiterfigur und die blaue Tasse.
Maria Marc hatte, ebenso wie Münter, einen wichtigen Anteil am Findungsakt des Blauen Reiters. Von beiden Frauen kamen viele Ideen und die Schreibarbeit der Korrespondenz und Ähnliches waren ohnehin eher »Frauenarbeit«. Trotz allem wurden sie im Impressum des Almanachs nicht erwähnt. In der zweiten Ausstellung des Blauen Reiters war Maria Marc mit ihren *Tanzenden Schafen* von 1908 vertreten.
Maria Marc sicherte nach dem Tod ihres Mannes seinen schriftlichen Nachlass und veröffentlichte ihn zusammen mit seinem Skizzenbuch aus dem Feld 1920 im Kunstverlag von Paul Cassirer. Es wurde ein großer Erfolg und der »Marc-Boom« nahm seinen Lauf. 1922 studierte sie in Weimar Weberei und lebte in den Dreißigerjahren hauptsächlich im schweizerischen Ascona, wo sie wieder mit Marianne von Werefkin zusammentraf. 1939 zog sie zurück in das Haus in Ried bei Kochel, das sie sich 1914 gemeinsam mit Franz Marc gekauft hatte. Bereits 1917 hatte Maria Marc den Leichnam ihres Mannes aus Frankreich auf den Friedhof von Kochel umbetten lassen, wo auch sie nach ihrem Tod 1955 bestattet wurde.

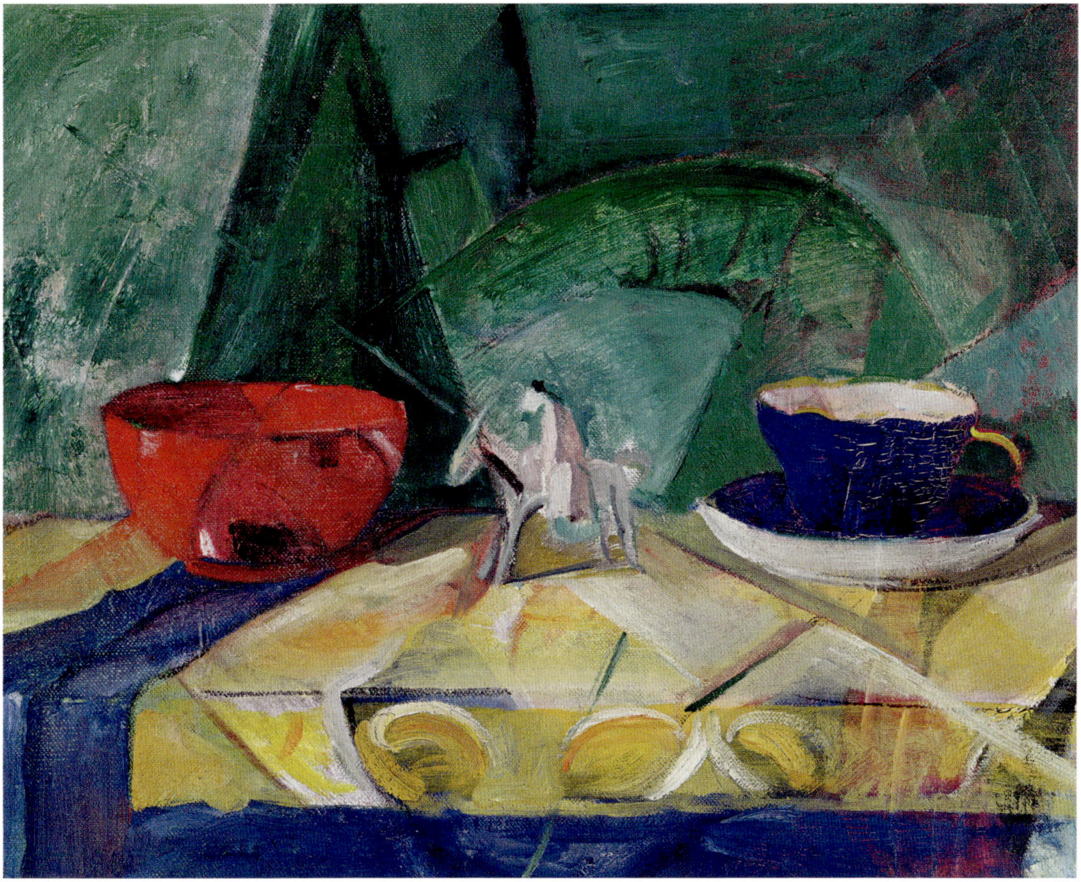

Heinrich Campendonk
Selbstporträt, um 1912

Öl auf Papier auf Leinwand
85,5 × 65,5 cm
Kunstmuseum Den Haag

Im Oktober 1911 diskutierten Franz Marc, August Macke und Wassily Kandinsky leidenschaftlich über die Bilder eines jungen Kollegen, der gerade erst nach Bayern umgesiedelt und als jüngstes Mitglied des Blauen Reiters aufgenommen worden war. Die Rede ist von Heinrich Campendonk (1889–1957), der eine Ausbildung an der Kunstgewerbeschule in seiner Geburtsstadt Krefeld gemacht hatte. Er war ein Studienkollege von Helmuth Macke und schickte auf dessen Rat hin eine Auswahl seiner Bilder an August Macke in Tegernsee. So knüpfte Campendonk 1909 erste Kontakte nach Bayern und zu Franz Marc, dessen Werk er sehr verehrte. Durch Marcs beharrliche Fürsprache bei dem berühmten Sammler Alfred Flechtheim erhielt Campendonk im Herbst 1911 die Mittel, um aus dem Rheinland nach Sindelsdorf zu ziehen, wo er sich mit Helmuth Macke eine Wohnung teilte. Sindelsdorf war zu dieser Zeit wahrscheinlich das Dorf mit den prozentual meisten Künstlerinnen und Künstlern, denn auch Maria und Franz Marc sowie Marcs Freund Jean Bloé Niestlé und dessen Freundin lebten dort.
Die Begeisterung für Marc und seine Bilder kann man den frühen Werken Campendonks ansehen. Man meint eine junge, noch etwas unerfahrene Version von Marc darin zu erkennen, vor allem in seinen Tierbildern. Das änderte sich jedoch schnell. Die Abstraktionen Kandinskys, die Farbigkeit Mackes, vor allem aber der Kubismus Picassos und Delaunays fließen in Campendonks Werk mit ein und er entwickelt daraus seinen sehr eigenen Stil. Seine Palette wird dunkler und das Spielerische seiner frühen Gemälde nimmt ab. Marc schreibt begeistert an Macke: »Er hat jetzt ein paar Ölbilder [...], die famos sind.«
Campendonks Inspiration ist die Natur, von deren bloßen Nachahmung er sich aber entfernt, indem er sie kubistisch zerlegt. Das kann man in seinem Selbstporträt gut nachvollziehen. Die bunten, kontrastreichen Farbflächen in verschiedenen Formen und mit betonten Konturen steigern die dynamische Wirkung des Motivs ins Expressive. Dynamik und Durchdringung sind typische Merkmale des italienischen Futurismus, von dem die meisten »Blauen Reiter« mehr oder weniger beeinflusst waren. In der ersten Ausstellung des Blauen Reiters war er mit drei Werken vertreten.
Nach dem Krieg zog Campendonk erst an den Starnberger See und 1921 zurück nach Krefeld. Ab 1926 war er Lehrer an der Düsseldorfer Akademie, bis ihn in die Nationalsozialisten 1933 entließen. 1935 ging er als Professor an die Rijksakademie in Amsterdam und blieb dort bis zu seinem Tod.
Die größte Sammlung von Werken Campendonks ist im Museum Penzberg in der Nähe seines ehemaligen Wohnortes Sindelsdorf zu bewundern.

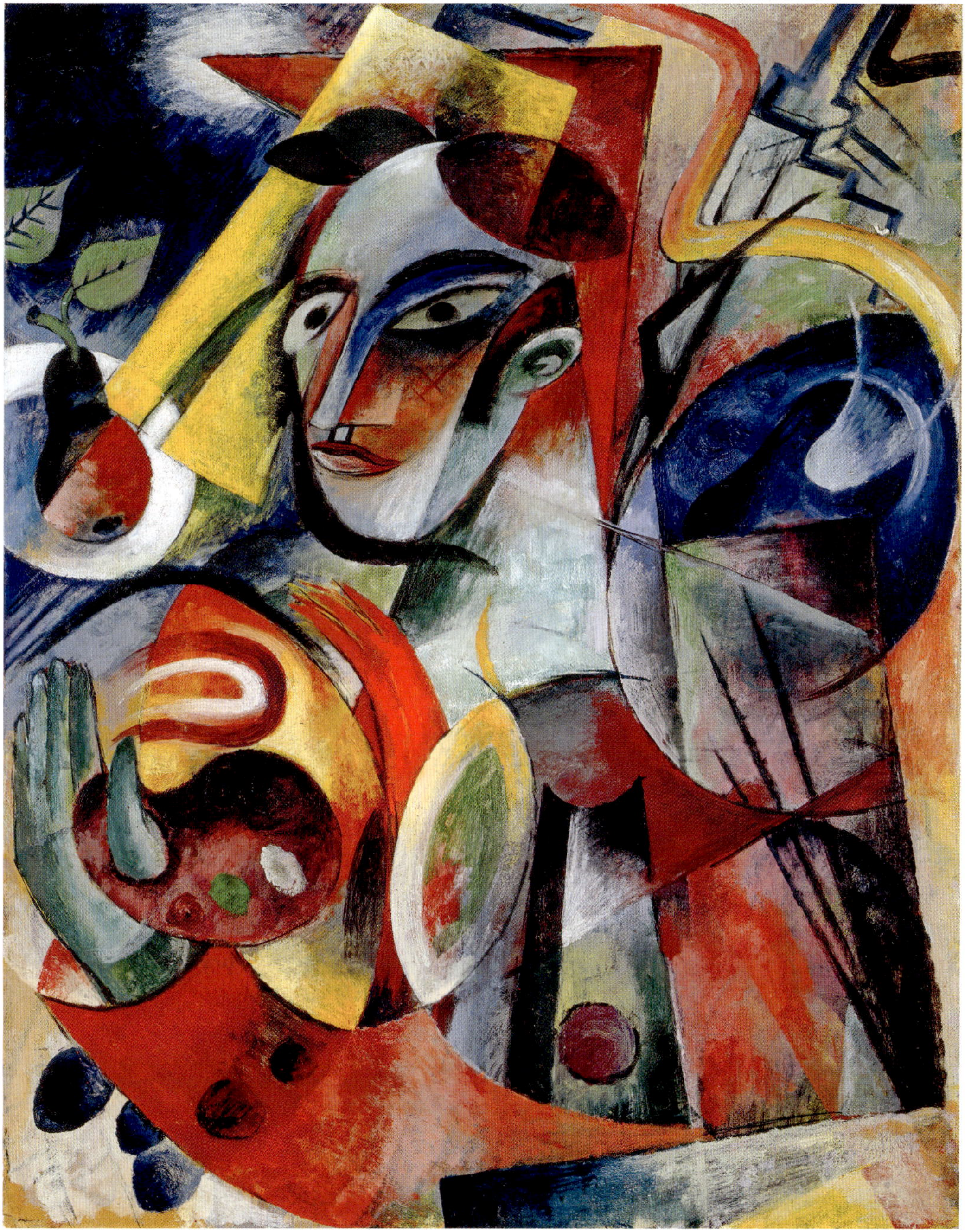

Robert Delaunay
Fenster-Bild, 1912

Mischtechnik auf Leinwand mit bemaltem Rahmen
72,5 × 66 cm (mit Rahmen)
Hamburger Kunsthalle

Robert Delaunay (1885–1941) wurde in Paris geboren und machte dort eine Lehre als Bühnendekorateur. Schon 1904 stellte er erste Werke im Pariser Salon des Indépendants aus. Kontakt zur deutschen Kunstszene bekam er über den Kunsthistoriker Wilhelm Uhde, dessen Frau und die russische Malerin Sonia Terk, die Delaunay im November 1910 heiratete. Delaunays Kunst ist eine perfekte Symbiose aus zu dieser Zeit bereits bestehender sowie im Entstehen begriffener Kunst: Von den Neoimpressionisten nahm er die Farbzerlegung, von Cézanne die Bildstruktur, von den Kubisten die Dekonstruktion sowie von den italienischen Futuristen die Simultaneität (die gleichzeitige Darstellung verschiedener Bewegungsphasen) und die Dynamik. Der wichtigste Einfluss war aber der der Kubisten, wobei er deren simplen Motive vermied und stattdessen das Häusermeer der Stadt, die Dynamik des modernen Lebens und dessen Symbole darstellte – wie zum Beispiel den Eiffelturm, ein Manifest der Moderne. All das dekonstruierte er und brachte es, anders als Picasso und Braque, nicht in trübem Graubraun auf die Leinwand, sondern in lebendigen Farben. Kandinsky lud Delaunay 1911 ein, beim Blauen Reiter auszustellen. Ansonsten hatten die beiden wenig Kontakt, was auch an Kandinskys Mystizismus in Bezug auf seine Kunst gelegen haben mag: »Ich hätte durchaus Zeit, eine Religion daraus zu machen; doch wozu?«, meinte Delaunay dazu. »Ich finde, dass man für die Kunst, für die Bewegung in der Kunst keinen Mystizismus braucht, weder einen christlichen, noch einen jüdischen, noch sonst einen.« Lieber freundete er sich mit Marc, Macke und Klee an, die ihn 1912 in Paris besuchten und seine im selben Jahr geschaffene *Fenster-Serie* bewunderten. Die *Fenster-Serie* ist eine Gruppe von 22 Gemälden, in denen er den traditionellen »Blick durch ein Fenster« erweiterte. Er verwendete die Bildfläche als einen Ort, an dem der Prozess des Sehens selbst aufgezeichnet werden kann. »Ohne visuelle Wahrnehmung gibt es kein Licht, keine Bewegung«, schrieb er dazu. »Diese Bewegung wird durch Beziehungen von ungleichen Maßen, durch Farbkontraste, die die Wirklichkeit ausmachen, erzeugt.« Man ahnt im Zentrum den Eiffelturm, spürt links und rechts die Bewegung der Vorhänge und sieht die Häuser der Stadt im unteren Teil. Gesehen wie durch reflektierende Fensterscheiben, in denen sich mehrere Ebenen treffen und durchdringen. Die Strukturierung des Sehens, das Licht, die Simultankontraste der Farben und die rhythmische Bewegung bildeten die Grundlage für seinen Übergang zur Abstraktion. »Die Fenster«, schrieb er, »waren der Beginn meines Lebens als Künstler«.

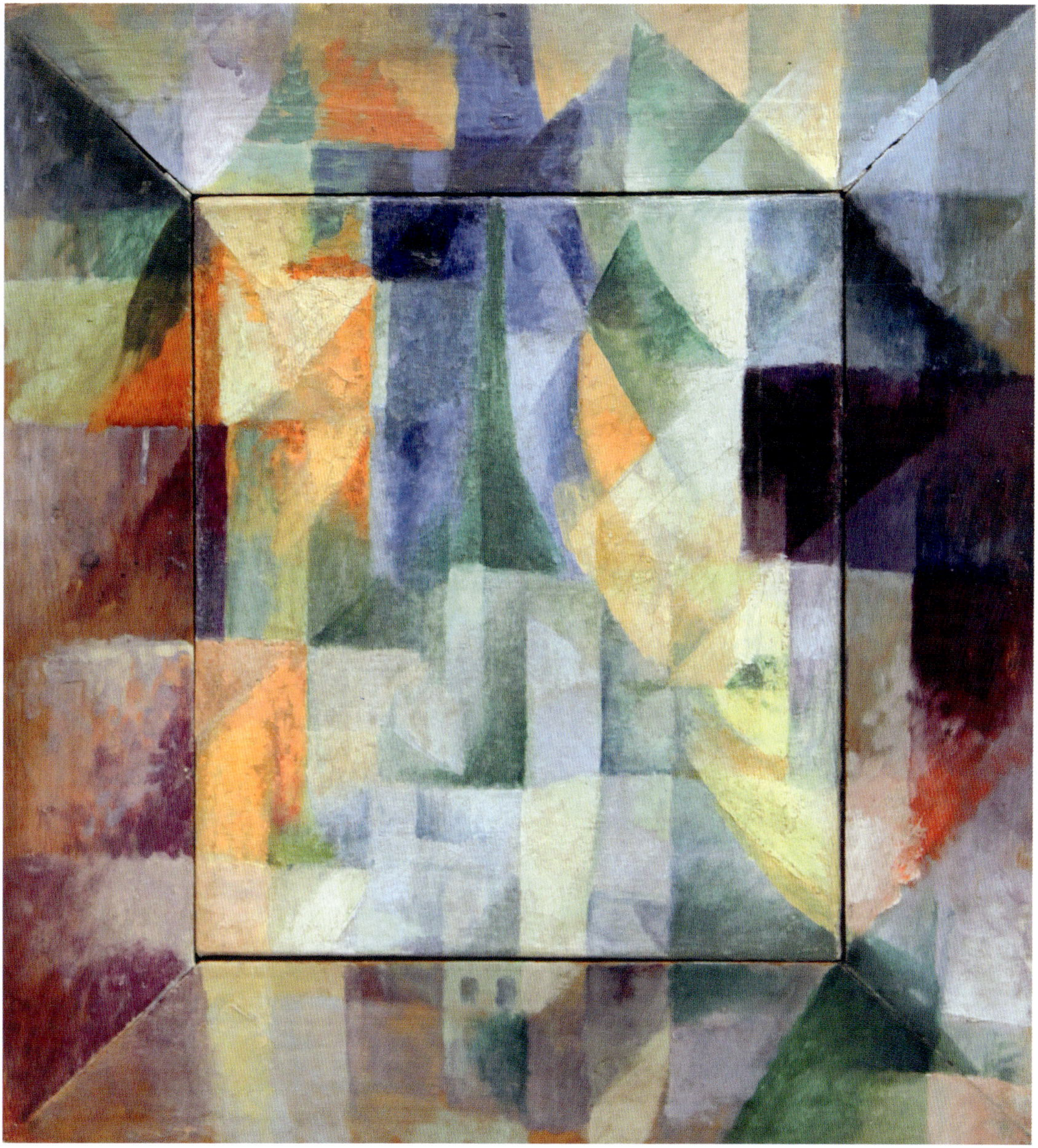

Alexej von Jawlensky
Blaue Berge (Landschaft mit gelbem Schornstein), 1912

Öl auf Karton
33,5 × 44,5 cm
Museum Wiesbaden

Diese etwas düster wirkende Landschaft entstand sehr wahrscheinlich im oberbayrischen Oberau – die Künstlerinnen und Künstler waren oft im Voralpenraum unterwegs auf Motivsuche – und nicht, wie Jawlensky in seinen späteren Lebenserinnerungen schreibt, in der Allgäuer Marktgemeinde Oberstdorf. Durch die Formen und Farben, mit denen sie geschaffen wurde, wirkt seine Ansicht archaisch. Wie in einer mit einem starken Teleobjektiv aufgenommenen Fotografie verringern sich optisch die Abstände von Gebäude und Landschaft. Alles scheint auf Grundformen reduziert: Dreieck, Konus, Rechteck. Dazu dunkel leuchtende Berge vor dem kräftigen Rot des Himmels, was für eine Abendstimmung zu stehen scheint. Das lässt sich bei den Malern des Blauen Reiters aber nicht mit Sicherheit sagen, denn Farben dienten ihnen nicht mehr zwingend zur Gegenstandsbeschreibung, sondern auch zum Ausdruck ihrer Gefühle. Nach den Theorien Kandinskys sollen Farben seelische Vibrationen hervorrufen und eine geradezu physische Wirkung beim Publikum entfalten. Rot stünde demnach als »sehr lebendige, unruhige Farbe« für Schmerz, und helles Gelb würde »einen sauren Eindruck« machen (wegen der Assoziation mit Zitronen). Derartige Theorien über den Geschmack der Farben mögen den Ausdruck in Jawlenskys Gesicht hervorgerufen haben, den Gabriele Münter in ihrem Bild *Zuhören* (siehe Seite 51) verewigt hat. Ob Jawlensky die Farben ebenso wie Kandinsky interpretierte, bleibt dahingestellt. Trotz allem sieht das Schwarzblau der vier Bergkuppen, zwischen denen ein eigenartiges Leuchten erscheint, bedrohlich aus. Die Art, wie Jawlensky dieses Leuchten mit nervösen, fast impressionistischen Pinselstrichen malt, erzeugt eine Art Flackern. Das Rot des Dachs und das Gelb des Kamins wirken zusammen mit den Isolatoren der drei Strommasten wie ein sicherer Hort in der drohenden Dunkelheit. Das dunkle Grün rechts scheint sich dagegen noch mit seiner Aufgabe der Naturbeschreibung zu begnügen.

Der Vergleich mit dem Gemälde *Schindelfabrik*, das seine Gefährtin Marianne von Werefkin ein bis zwei Jahre vorher gemalt hat (siehe Seite 61), legt nahe, dass es sich bei dem zum Dach gehörenden Gebäude um dieselbe Fabrik handelt. Wie anders aber sind die beiden Ansichten ausgefallen: Während Werefkin den Bau als einen – wenn auch verlassenen – Ort der Arbeit schildert, spielt er bei Jawlensky scheinbar nur mehr die Rolle eines Kompositionselements als Vermittler zwischen Vorder- und Hintergrund. Inhaltlich könnte man die Fabrik als letzte menschliche Bastion vor der alles beherrschenden Natur interpretieren.

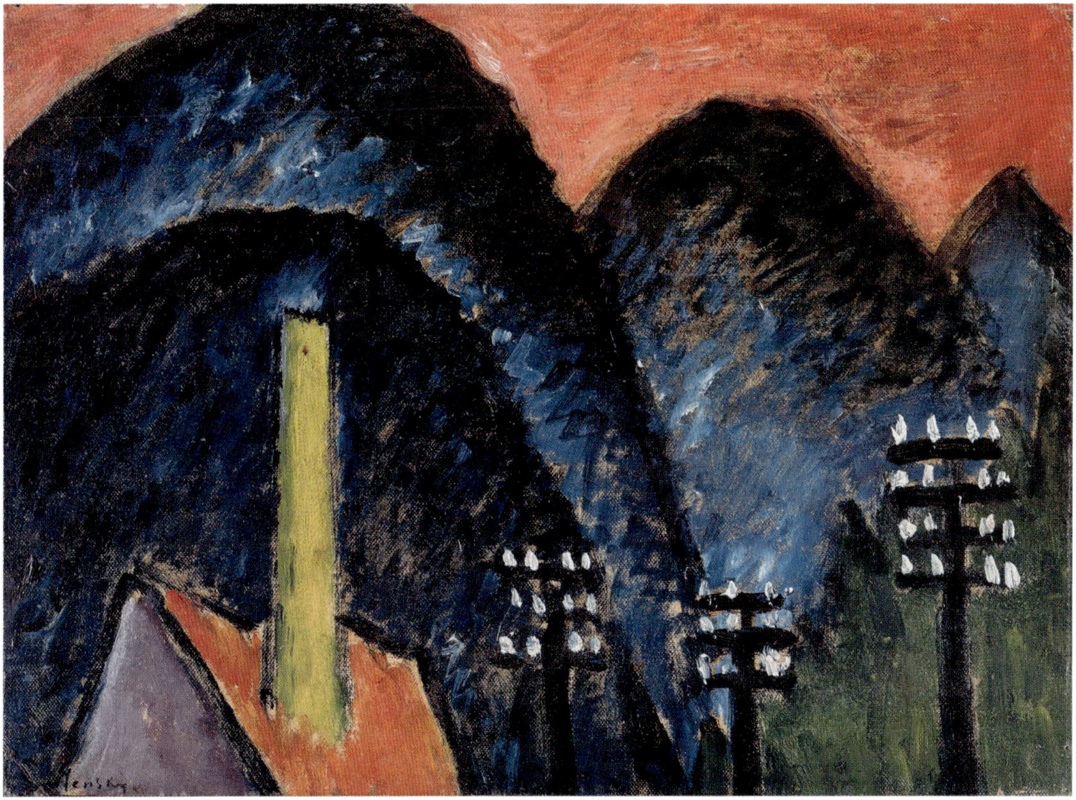

Alexej von Jawlensky
Selbstbildnis, 1912

Öl auf Karton
53,5 × 48,5 cm
Museum Wiesbaden

Als Franz Marc im Februar 1911 die Mitglieder der Neuen Künstlervereinigung München kennenlernte, unterhielt er sich viel mit seinen neuen Kollegen, wovon er seiner Freundin Maria Franck berichtete. In einem dieser Gespräche ging es um Theorien und die Beurteilung von Kunst, wobei Alexej von Jawlensky über sich selbst sagte: »[...] ich verstehe es so gut, über Kunst zu urteilen; die Empfindung und der Ausdruck dafür ist mir wie angeboren. Aber dafür kann ich nicht malen. Ich bin ein so schlechter, miserabler Maler. Sie ahnen nicht, was für ein tiefunglücklicher Mensch ich bin.« Marc schreibt dazu: »Die Klage klang so herb und tieftraurig, daß ich einen physischen Schmerz empfand, es war so aufrichtig.« Vielleicht lag Jawlenskys Traurigkeit in der künstlerischen wie privaten Situation begründet, in der er steckte. Er hatte einen Sohn mit dem Hausmädchen jener Frau, mit der er zusammenlebte und von der er finanziell abhängig war. Und nicht nur das: Diese Frau, Marianne von Werefkin, sah in Jawlensky lange auch den Mann, der ihre eigenen künstlerischen Ideen umsetzten sollte. Marc formulierte es folgendermaßen in einem Brief: »Natürlich spielt hier die Baronin die Rolle, nicht Jawlensky, aber der ist ein schwacher Mann!«
Das Selbstporträt Jawlenskys, das er ein Jahr nach dieser Unterhaltung schuf, kann man als Selbstbehauptung eines Malers sehen, der die Kurve gekriegt, sich weiterentwickelt und seine künstlerische Position gefunden hat. Sein massiger Kopf, der quasi halslos im türkisen Kragen auf seinen roten Schultern sitzt, ist nahezu bildfüllend. Der Unterkiefer ist dynamisch vorgeschoben, der fast frontale Blick streng und melancholisch zugleich und durch die zusammengezogenen Augenbrauen auch etwas skeptisch. Er sieht sich selbst im Spiegel und scheint sich kritisch und ehrlich zu befragen.
Die geballte Kraft, die dieses Selbstporträt ausstrahlt, resultiert auch aus den Farben, die hier im Komplementärkontrast aufeinanderprallen: Grünblau und Rot als Rahmung des Hauptes, während Rot, Blau und Gelbtöne im Gesicht seine inzwischen gefundene Bildsprache verdeutlichen, die er später erheblich reduzieren sollte. Aber hier scheinen die Farben ein Statement zu sein, eine Illustration seiner inneren Bewegtheit: Ich bin Maler! Und: Jawlensky und die Farbe sind eins!

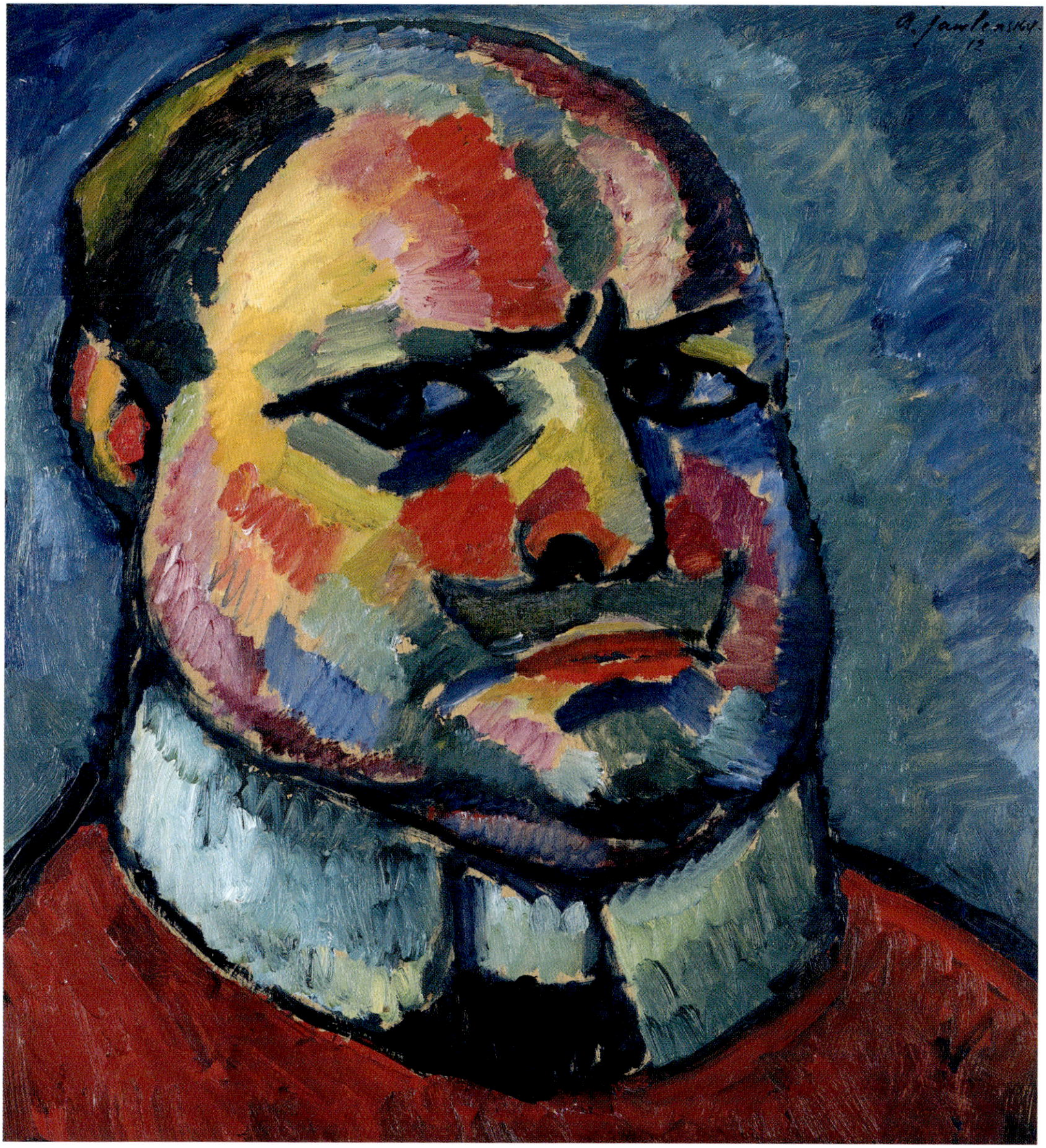

Wassily Kandinsky
Improvisation 27 (Garten der Liebe II), 1912

Öl auf Leinwand
120,3 × 140,3 cm
The Metropolitan Museum of Art, New York

Dieses 1912 entstandene Werk gehört zu der Gruppe der »Improvisationen«, die, wie Kandinsky in *Über das Geistige in der Kunst* schreibt, »hauptsächlich unbewußte, größtenteils plötzlich entstandene Ausdrücke der Vorgänge des inneren Charakters, also Eindrücke von der »inneren Natur« zeigen. In seinen früheren Werken setzte er häufig neben die Titelbezeichnungen wie »Improvisation« und »Impression« auch noch einen zusätzlichen Titel, der das Verständnis des jeweiligen Werkes vielleicht ein wenig einfacher machen sollte. Hier lautet der Zusatztitel *Garten der Liebe* und man kann bei genauerem Hinsehen das Thema des Paradiesgartens Eden erkennen. In einer imaginären Landschaft strahlt in der Mitte eine gelbe Sonne (Gelb ist für Kandinsky die Farbe der Aktivität und Helligkeit), die von diversen amorphen Formen umgeben ist. Über der Sonne scheint ein grüner Adam in der Haltung des berühmten Michelangelo-Adams in der Sixtinischen Kapelle zu liegen (Grün steht für Passivität und Selbstzufriedenheit) und links der Sonne wiederum scheint sich hinter einer schwarzen Fläche Eva zusammenzukauern. Durch den kaputten Zaun rechts bahnt sich eine Schlange den Weg zu ihr, damit die Geschichte ihren Lauf nehmen kann. Die darauffolgende Strafe Gottes, die Vertreibung aus dem Paradies, kann man in den über das Bild verteilten schwarzen Formen erahnen.
Kandinsky glaubte, dass die fortschrittlichste Kunst »Emotionen erwecken würde, die wir nicht in Worte fassen können«. Für ihn bot die Abstraktion ein Vehikel für den direkten Ausdruck und eine Möglichkeit, die Sprache zu umgehen. »Im allgemeinen ist also die Farbe ein Mittel, einen direkten Einfluß auf die Seele auszuüben«, schrieb er in *Über das Geistige in der Kunst*. »Die Farbe ist die Taste. Das Auge ist der Hammer. Die Seele ist das Klavier mit vielen Saiten. Der Künstler ist die Hand, die durch diese oder jene Taste zweckmäßig die menschliche Seele in Vibration bringt.«
Dieses Gemälde war Teil der legendären *Armory Show*, bei der 1913 in New York 1250 moderne, aktuelle Kunstwerke aus Europa und den USA ausgestellt wurden. Zum ersten Mal waren in den USA die wichtigsten modernen Kunstströmungen Europas zu sehen, inklusive der abstrakten Kunst Kandinskys. Die Show ging auch nach Chicago und Boston, hatte über 300 000 Besucherinnen und Besucher und beeinflusste die amerikanische Kunstszene nachhaltig.

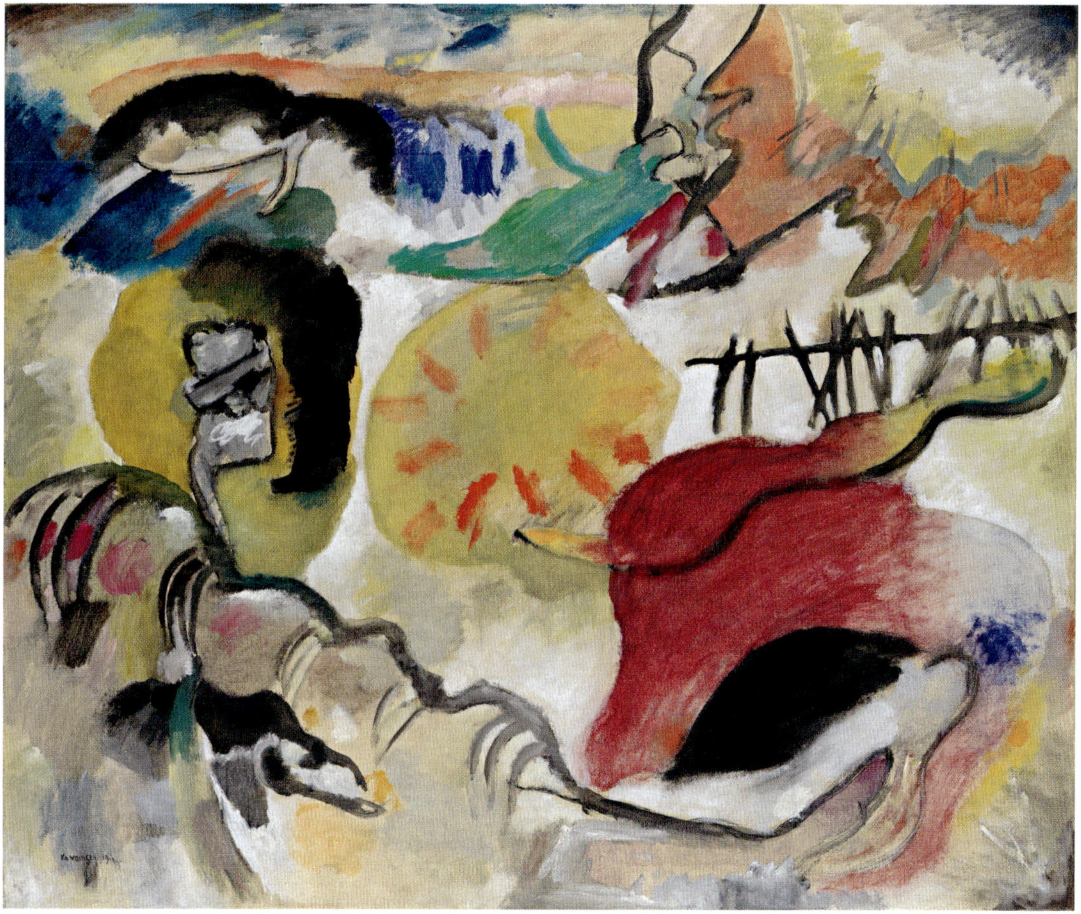

August Macke
Großes helles Schaufenster, 1912

Öl auf Leinwand
106,5 × 82,8 cm
Sprengel Museum Hannover

Die Begegnung mit der französischen Kunst war wesentlich für die deutschen Maler des Blauen Reiters, vor allem für Franz Marc und August Macke. Speziell Robert Delaunay, der altersmäßig zwischen den beiden stand, hatte es Macke und auch Marc angetan. Seine Bilder vom Eiffelturm und die darauffolgenden *Fenster-Bilder* hatten einen enormen Einfluss (siehe Seite 84) – auf Macke noch mehr als auf Marc. Marc als eher grüblerischem Deutschen waren die Franzosen zu »leichtfüßig« unterwegs: »Sie sind etwas zu sehr Artisten und jonglieren. Laut darf man das heute nicht sagen! Es klingt so bärbeißig, während wir ihnen doch fast alles verdanken.« Während Impressionisten wie Edgar Degas und Gustave Caillebotte Szenen des Stadtlebens eher wie die späteren Street-Fotografen Henri Cartier-Bresson und andere malten, konzentrierten sich Künstler wie Delaunay und Macke auf das Sehen selbst und dessen Komplexität. Dargestellt ist eine Frau mit Hut, langem Mantel und noch längerem Kleid, die fast andächtig vor einem Schaufenster steht. In dem Fenster sind nicht nur die Waren zu sehen, die die Dame begutachtet, sondern es spiegeln sich darin auch die Dinge, die sich hinter ihrem Rücken befinden, Pferde, Lichter, rechts ein Kutscher mit Zylinder. Macke sah, wie das alles mehrfach gebrochen und miteinander verwoben ist und hat hier perfekt umgesetzt, was er in Paris gesehen hat: Die Simultaneität der Welt, die Gleichzeitigkeit, die die Dinge sich ineinander verschieben lässt. Während die Dame sich auf die Waren konzentriert, zeigt Macke ihr gesamtes Sein in diesem Augenblick vor dem Schaufenster. Nichts passiert allein für sich, alles durchdringt alles. Das fällt den meisten Menschen nicht auf, weil sie sich oft auf nur eine Sache konzentrieren, die ihre Aufmerksamkeit dann komplett in Beschlag nimmt. Aber Künstler wie der Franzose Robert Delaunay, der italienische Futurist Umberto Boccioni und jetzt eben auch August Macke in Deutschland sahen die Durchdringung, die Gleichzeitigkeit und den Dynamismus der Stadt und machten sie in ihren Werken sichtbar. Während Marc Tiere in ihrer natürlichen Umgebung beobachtete und malte, tat Macke das mit den Menschen, die er in ihrer inzwischen natürlichen Umgebung der Stadt beobachtete und auf die Leinwand brachte. Und so leicht es manchmal aussehen mag, so viel Mühe hat es den Rheinländer offenbar gekostet: »Ich male mit einer kolossalen Anstrengung und strenge mich immer an dabei, daß ich sehr müde bin nachher. Ich reiße mir die Bilder Strich für Strich aus dem Hirn. Wirklich. An sich bin ich nämlich träge. Wenn ich aber mir die Nerven ausgerissen habe, so sollen diese Leinwandlappen auch was wert sein, wenigstens meine Energie ergießt sich darein. Sie mögen gefallen, wem sie wollen [...].«

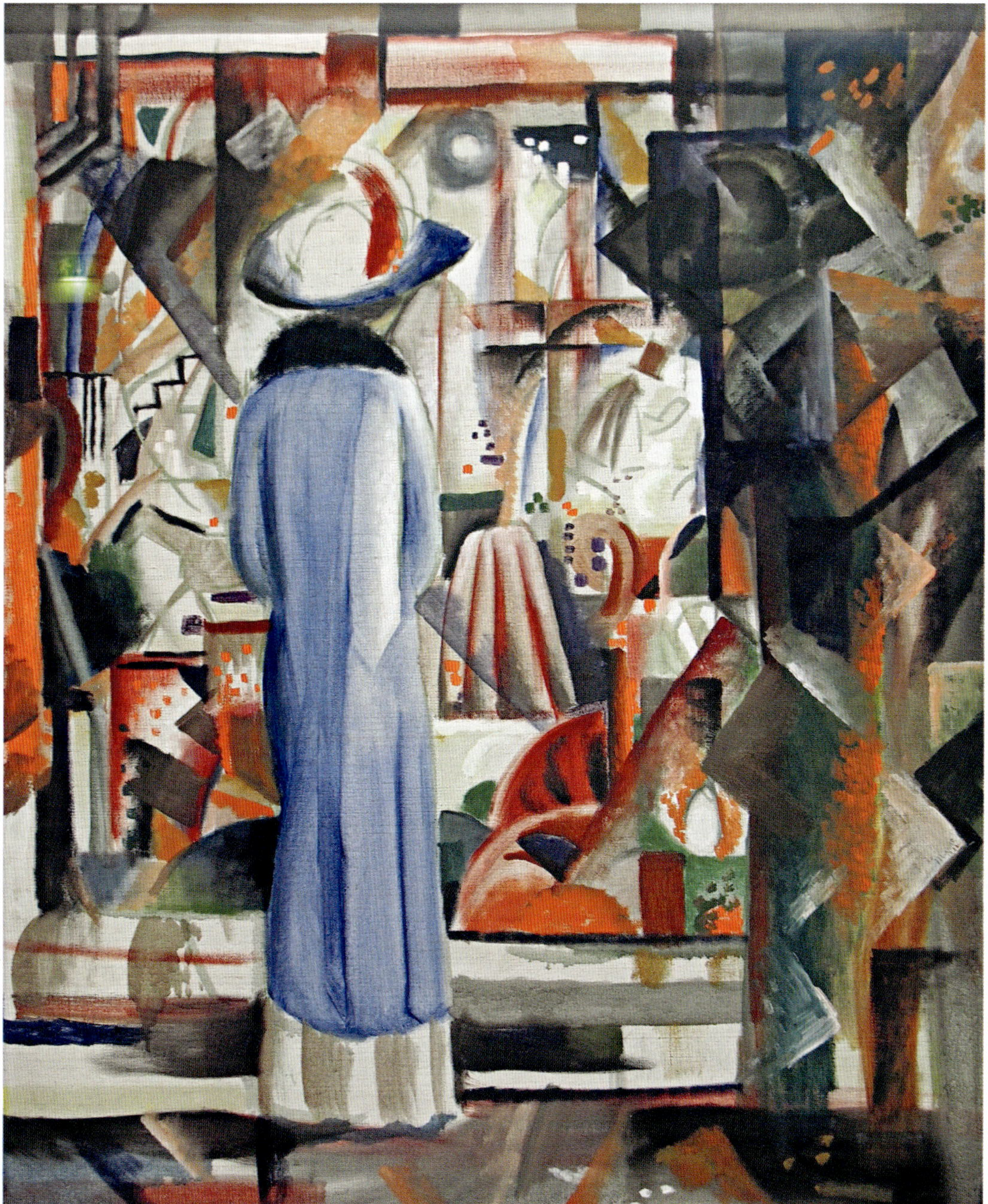

August Macke
Zoologischer Garten I, 1912

Öl auf Leinwand
58,5 × 98 cm
Städtische Galerie im Lenbachhaus und Kunstbau, München

Als ob August Macke ahnte, dass ihm nicht viel Zeit in seinem Leben bleiben würde, entwickelte er sich in rasanter Geschwindigkeit vom akademischen zum impressionistischen Maler, um dann in einem Intermezzo die Möglichkeiten des Abstrakten des Blauen Reiters für sich auszuloten. Gestärkt durch die Freundschaft mit Franz Marc perfektionierte er schließlich mithilfe des Orphismus und des Futurismus seine eigene Bildsprache. Das alles geschah in nicht einmal fünf Jahren.

Was ihn am Impressionismus faszinierte, war nicht nur die neue Farbauffassung, sondern auch die völlig neue Motivwelt, die die Pariser Künstler für sich erobert hatten: das bürgerliche Leben in den Städten, Freizeit, Lässigkeit, Leichtigkeit; nicht mehr symbolisch aufgeladene Malerei, schwer in Thema und Gehalt. »Ich begreife nicht, dass ich so lange an Böcklin, Thoma'scher Gefühlsmalerei hängen konnte. [...] Ich bin sie für immer los«, begeisterte er sich in einem Brief an Elisabeth, seine Gattin, über den Befreiungsschlag, der seinen Aufenthalten in Paris folgte.

Die Folgen für seine Bilder sind modern gekleidete Herren, die Rehe streicheln, Flamingos im Teich beobachten oder einfach so durch den Park flanieren – ein Ort der Ruhe und der Harmonie. In der Mitte des Gemäldes, am Fuße des zentralen Baumes, erkennt man flammenartige Gebilde in Blau und Gelb. Bedingt durch seine Freundschaft mit Franz Marc, der des Öfteren religiöse Gedanken und Anspielungen in seinen Gemälden verarbeitete, scheint auch bei Macke der ein oder andere biblische Gedanke möglich. Dann wäre dies ein paradiesischer Garten, und die »Flammen« könnten auf ebenjenen Garten Eden der Genesis verweisen, in dem Gott ein loderndes Flammenschwert aufstellt, das den Baum des Lebens bewacht (Genesis 3,24). Mackes zoologischer Garten verwandelt sich so in ein Paradies der Moderne, einen urbanen Garten Eden. Das Vorbild für diesen speziellen Paradiesgarten war der Kölner Zoo, dessen Restaurant von Bekannten des Künstlers betrieben wurde, sodass er dort vor Ort arbeiten konnte.

Für Macke war die Stadt mit ihren Parks, Geschäften und Schaufenstern die »moderne Natur«, die er, wie Marc es mit der »traditionellen Natur« tat, in kristalline Formen auffächerte, um damit einen ungewöhnlichen Farbreichtum zu erhalten. Und wie bei Marc greifen die kristallinen Formen nicht auf die Menschen bzw. Tiere über, sondern nur auf deren Umfeld.

Macke selbst war ganz angetan von seinem Werk, das sein Mäzen und Schwiegeronkel Bernhard Koehler im März 1913 erwarb: »Ich habe nachher noch vieles gemalt, auch das ganz große Triptychon, aber das kleine (Zoologischer Garten) ist doch besser.«

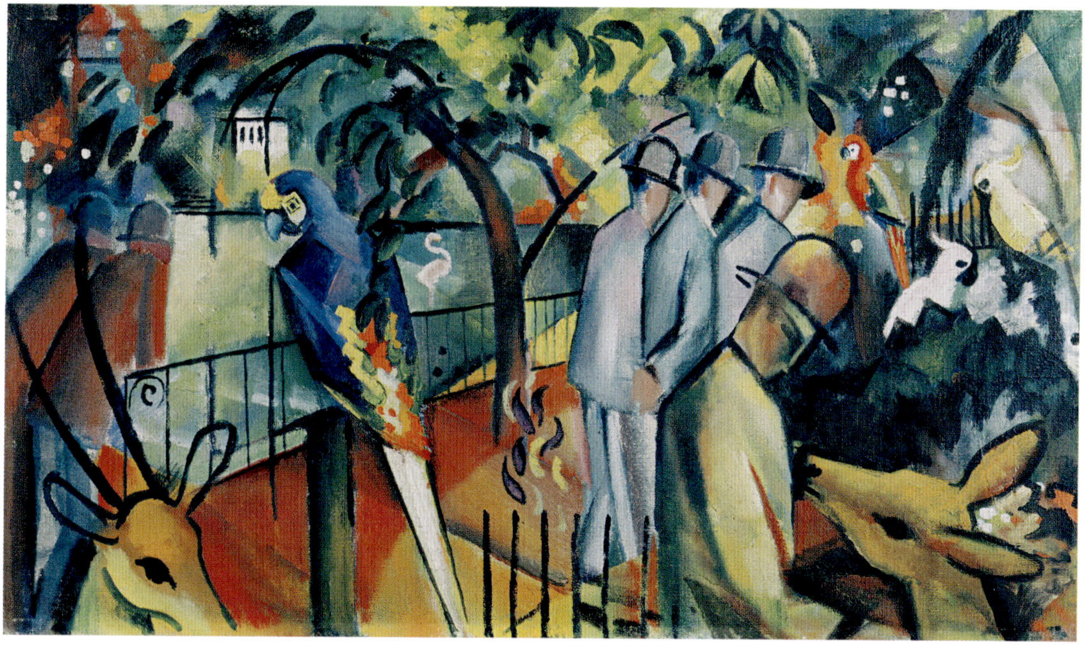

Franz Marc
Der Turm der blauen Pferde (Postkarten-Skizze), 1912

Tusche, Deckfarbe auf Karton
14,1 × 9,4 cm
Pinakothek der Moderne, München

Diese kleine Postkarte ist die einzig erhaltene Farbskizze, die von einem der wohl bekanntesten und beliebtesten Gemälde aus der Zeit der Weimarer Republik übriggeblieben ist. *Der Turm der blauen Pferde* war ein 200 × 130 cm großes Ölgemälde, das Franz Marc 1913 geschaffen hatte. Gleich nach seiner Fertigstellung zeigte es Herwarth Walden beim *Ersten Deutschen Herbstsalon* in seiner Berliner Galerie Der Sturm. Anders als im Gemälde sind die Formen der Tiere in dieser Skizze noch runder und gefälliger. Im Gemälde dominieren kubistische Aufsplitterungen und ein von Gelb und Rot bestimmter Hintergrund, der von einem Regenbogen überfangen wird.

Die Postkarte war ein Neujahrsgruß an Waldens geschiedene Ehefrau, die Dichterin Else Lasker-Schüler (1869–1945). Maler und Dichterin hatten einen regen schriftlichen Austausch, der hauptsächlich mittels Postkarten geführt wurde. Auf dieser Karte sind die vier hintereinander gestaffelten Pferde zu sehen, sowie angedeutete Sterne und eine Mondsichel; Zeichen, die Lasker-Schüler auf ihren Karten verwendete und die Marc auch im Gemälde zeigte bzw. andeutete.

Nach dem Ersten Weltkrieg wurde das Gemälde, so wie sein Schöpfer, immens populär. Schon kurz nach seinem Tod am 4. März 1916 wurde für ihn eine Gedenkausstellung in München organisiert. Vom *Turm der blauen Pferde* wurden Reproduktionen und Plakate angefertigt, es gab Abbildungen auf Zigarrenkisten und in Schulbüchern. 1919 wurde das Gemälde von der Berliner Nationalgalerie für 20 000 Reichsmark erworben und war dort eines der Highlights. Nachdem die Nationalsozialisten an die Macht gekommen waren und diese auch im Bereich der Kunst ausübten, wurde es 1937 auf der Ausstellung *Entartete Kunst* in München gezeigt. Mit über zwei Millionen Besuchern war sie eine der bestbesuchten Ausstellungen moderner Kunst in Deutschland. Manch einer kam vielleicht auch nicht wegen der Häme gegenüber der angeblich »entarteten« Kunst, sondern um die modernen Werke, um die es vor und nach dem Ersten Weltkrieg so viel Aufregung, Begeisterung und Diskussionen gegeben hatte, noch einmal sehen zu können. *Der Turm der blauen Pferde* hing dort nur kurze Zeit, denn zum einen gab es wegen der Beliebtheit des Bildes Besucherproteste und Unverständnis, und zum anderen hatte sich der Offiziersbund darüber empört, dass Werke Marcs, der immerhin Frontoffizier im Ersten Weltkrieg gewesen war, in dieser Ausstellung gezeigt wurden. Schließlich wurde es kommentarlos abgehängt und verschwand. Aller Wahrscheinlichkeit nach landete es in der Kunstsammlung des Reichsmarschalls Göring, von dem auch der Satz »Wer Jude ist, bestimme ich« stammen soll. Er nahm es auch mit der Kunstdoktrin der Nationalsozialisten nicht so genau. Was ihm gefiel, hat er sich einverleibt, »entartet« oder nicht. Das Gemälde ist seit 1945 verschollen.

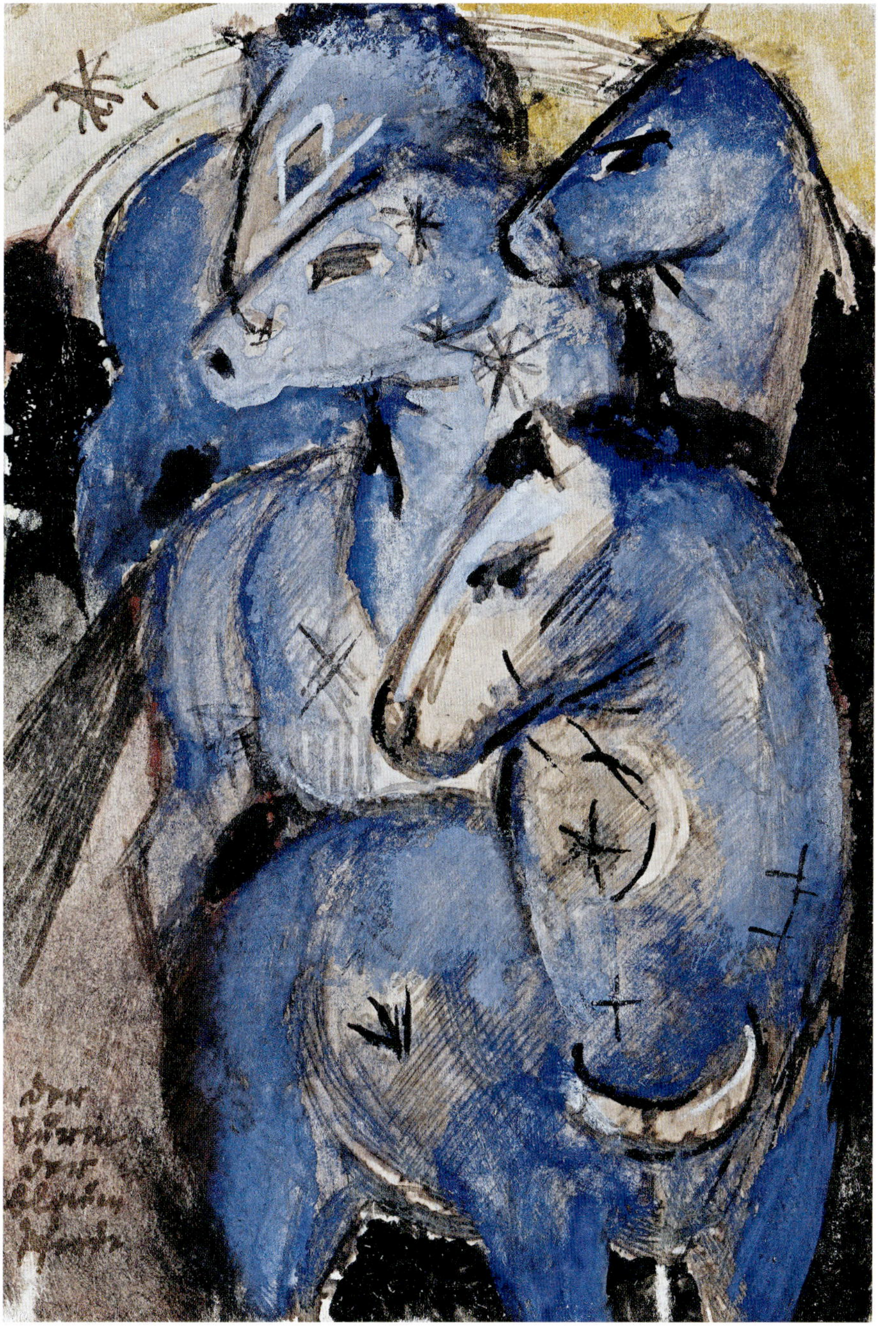

August Macke
Promenade, 1913

Öl auf Pappe
51 × 57 cm
Städtische Galerie im Lenbachhaus und Kunstbau, München

Für August Macke war der Blaue Reiter nur eine relativ kurze Episode. Seine anfängliche Begeisterung für Wassily Kandinsky und Gabriele Münter ließ schnell und stark nach. Mit Münter war es etwas Persönliches, weil sie im Umgang mitunter wohl etwas diffizil war, bei Kandinsky ging es um künstlerische Differenzen. Macke äußerte sich schon zur ersten Ausstellung, die er erst in Köln sah, kritisch (siehe Seite 32) und war auch verstimmt, weil nur eins seiner Werke im Almanach veröffentlicht werden sollte, während von dem Musiker Schönberg sogar zwei Bilder geplant waren. Dazu kamen vor allem Zweifel an Kandinskys Kunst. In einem Brief an Maria Marc schrieb Macke: »Mein malerischer Zustand ist der, daß Kandinsky für mich sanft entschlafen ist, indem die Bude von Delaunay daneben aufgeschlagen war, und indem man so recht sehen konnte, was lebendige Farbe ist, im Gegensatz zu einer unglaublich komplizierten aber absolut seichten Farbflecken-Komposition. Man möchte darüber weinen, daß einem Hoffnungen enttäuscht wurden. Aber Delaunay hat eben mit dem räumlichen Eiffelturm angefangen und Kandinsky mit Lebkuchen. Eine Tischplatte ist mystischer als alle seine Bilder. Sie klingen gar nicht mehr für mich.« Das ist noch deutlicher als die Persiflage, die Macke zur selben Zeit über Kandinsky und den Blauen Reiter gemalt hatte (siehe Seite 35).
Macke emanzipierte sich und ging seinen eigenen künstlerischen Weg. Auch, weil er seine Gemälde trotz Delaunays Einfluss jetzt klarer und weniger kompliziert aufbaute, so wie hier. *Promenade* entstand im schweizerischen Hilterfingen am Thunersee, wo er sich von September 1913 bis Mai 1914 mit seiner Familie zurückzog, um ungestört arbeiten zu können. Auch hier war das mondäne Stadtleben sein Thema. Im Zentrum des Bildes steht ein elegantes Paar, der Herr lässig an einen Ast gelehnt, die Dame mit weißem Sonnenschirm vor ihm. Wie üblich bei Mackes »Flaneurbildern« sind die Gesichter unkenntlich, denn es geht ihm nicht um bestimmte Personen.
Das Bild lebt vom Moment der stillen Zwiesprache und noch vielmehr vom Licht und den fließenden Farben. Seine Frau schrieb dazu: »Was August Macke damals am meisten beschäftigte, war das Dynamische in einem Bild, nicht nur durch die formale Einteilung des Raumes ausgedrückt, sondern vor allem durch das Spiel der Farbtöne gegeneinander, untereinander: Selbst in einer gleichmäßigen, sagen wir grünen Fläche darf keine tote Stelle sein, die Farbe muss arbeiten, vibrieren – leben. Augusts ganzes Streben ging darauf hinaus, die reinen Farbtöne in einem Bild so zu nuancieren und in Einklang zu bringen, dass trotz der notwendigen Kontraste eben so eine große Harmonie und Bildeinheit zustande kam.« Das ist ihm gelungen. »Ein Kunstwerk muss gut gelogene Natur sein, eine gut getroffene Auswahl, ein Spiegel der Empfindungen.« So der junge Meister selbst.

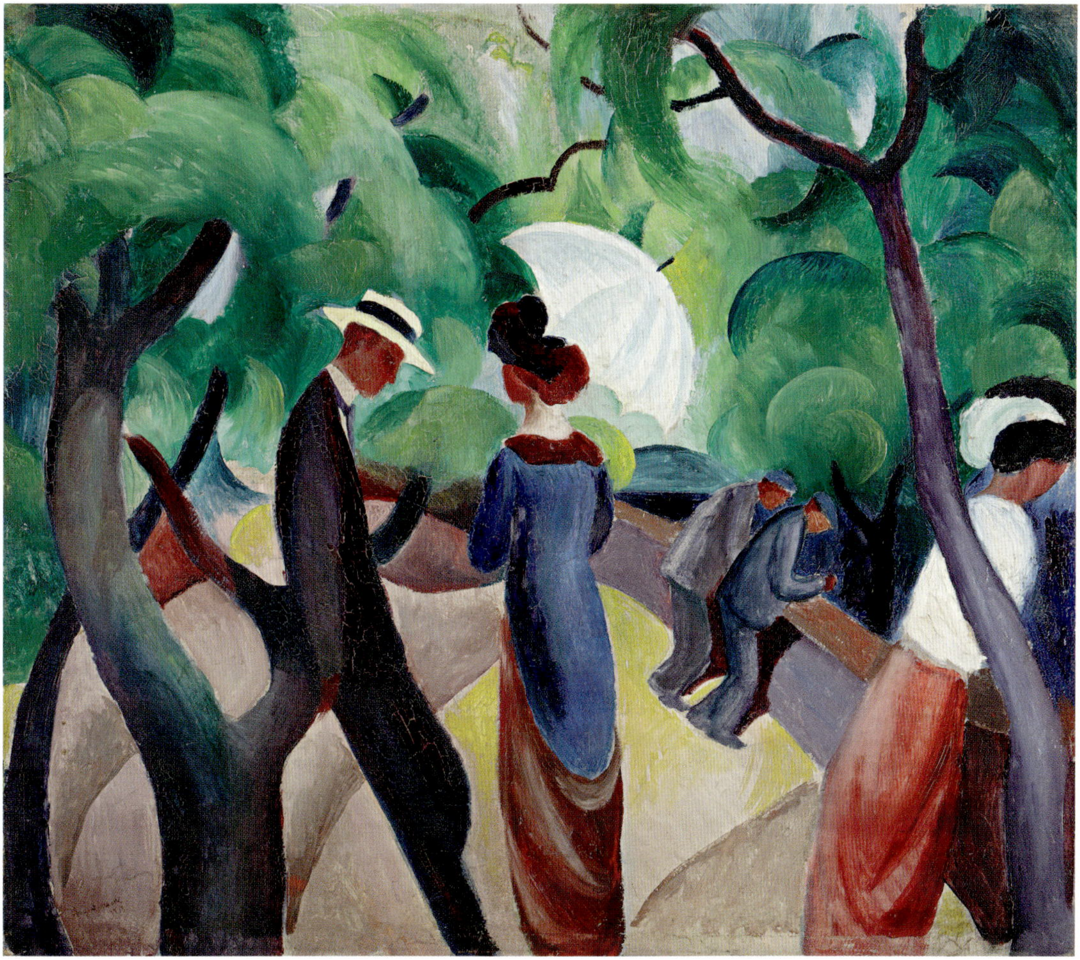

Marianne von Werefkin
Polizeiposten in Wilna, 1914

Tempera auf Papier auf Karton
98 × 82 cm
Museo Comunale d'Arte Moderna Ascona

Die Jahre 1909/10 waren für Werefkin künstlerisch interessant und erfolgreich. Sie gründete die NKVM mit und organisierte Ausstellungen, in denen sie auch viele eigene zeigte. Vor allem aber malte sie auch wieder selbst. Privat war das allerdings eines der Probleme, die ihr Zusammenleben mit Alexej von Jawlensky zusehends schwierig machte. Sie hatte sich lange zurückgehalten, um Konflikte zu vermeiden: »Damit er nicht auf mich als Künstler eifersüchtig sein sollte, verberge ich vor ihm meine Kunst. Ich mache mich zur schwachen. Ich entsage meinem Willen, meinen Wünschen, meinem Leben. Es tut mir weh. Es verurteilt mich zur Einsamkeit.« Diese Zeit war nun vorbei. Zusätzlich hatte Jawlensky ein Kind mit dem Hausmädchen Helene, was die Sache nicht einfacher machte. Im Dezember 1909 wurden die Konflikte so schlimm, dass Werefkin sich nach Litauen zu ihrem Bruder Peter, dem Gouverneur von Kaunas, zurückzog. Sie blieb bis April 1910 und malte ausgiebig. Diese Zeit prägte sie und gab ihren Bildern neue Tiefe und visionäre Kraft.
Sie schildert Jawlensky ihre starken Eindrücke: »Das Malerische treibt einen fast in den Wahnsinn. Eine Schönheit – unglaublich. [...] Ich ersticke fast unter der Masse des Materials, das hier auf meine Künstlerseele einwirkt. Mir scheint, dass ich aus all dem Meisterwerke machen könnte, aber nicht hier, sondern irgendwo außerhalb, wo man alles mit Abstand sehen kann, aber doch ringsum die Welt und das Leben fühlen könnte.« Und das war offenbar in München, wo sie dieses und andere intensive Werke schuf. Werefkin drückte sich im Gegenständlichen aus; Einsamkeit, Verzweiflung, Bedrückung, alles »geistige« Themen wie bei Kandinsky, die man in ihren Bildern verständlicher nachvollziehen kann als in Kandinskys abstrakten Werken. Zumal Werefkins Stimmung, gerade auch was ihre Lebensumstände im fernen München betraf, auch nicht die beste gewesen sein dürfte. Sie schreibt Jawlensky: »[...] das ist für einen Künstler eine Goldgrube. Es ist dunkel, die Laternen beleuchten die Straßen kaum, sie verdüstern sie. [...] Etwas Schreckliches, Schreckliches lastet schwer auf allem. Es schaudert mich, ich wähne mich auf einer anderen Erde, weit weg vom eigenen Leben.«
Auch bei diesem Gemälde merkt man die Nähe zum Werk des Norwegers Edvard Munchs, der zwar weicher in den Linien und der Textur arbeitete, aber in den Perspektiven ein großes Vorbild war. Sie scheint ihre Gemälde ganz nach dessen Motto geschaffen zu haben: »Ich male nicht, was ich sehe, sondern was ich sah.«

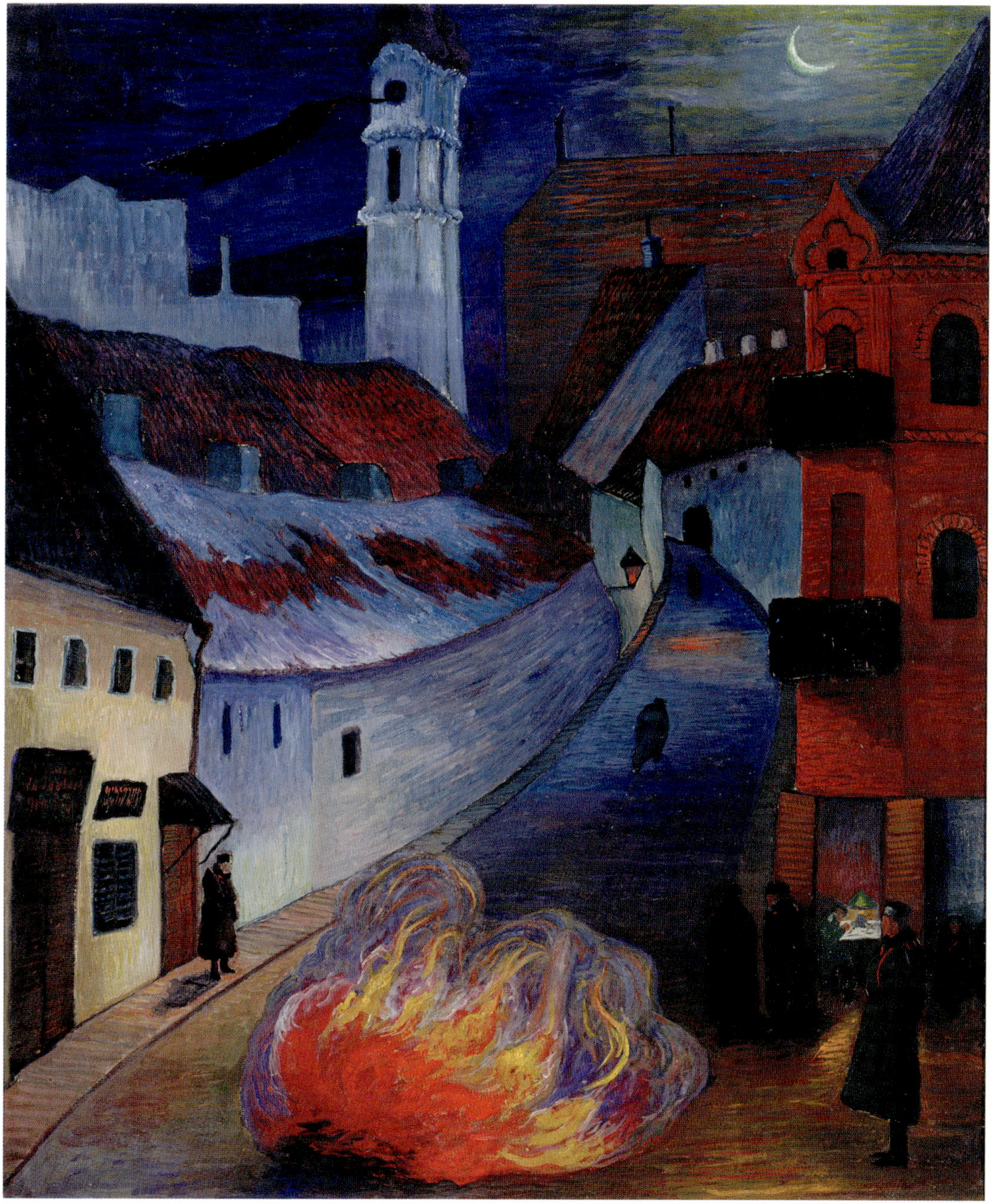

Paul Klee
Rote und weiße Kuppeln, 1914

Aquarell und Gouache auf Papier auf Karton
14,6 × 13,7 cm
Kunstsammlung Nordrhein-Westfalen, Düsseldorf

Paul Klee kam nach einer sechsmonatigen Studienreise durch Italien 1902 wieder nach Bern. In Italien begeisterte ihn vor allem die Renaissancearchitektur wegen der »konstruktiven Elemente, der baulichen Zahlengeheimnisse und der Proportionsverhältnisse«, dazu die Farbenpracht der Mosaiken und die »spielerische Sensibilität der gotischen Tafelmalerei von Siena«. Daheim fand er seine Kinderzeichnungen wieder und war begeistert: Das sei »das Beste, was ich je gemacht habe«. Aus diesen Grundlagen entwickelte er seine Kunst: »Wenn bei meinen Sachen manchmal ein primitiver Eindruck entsteht, so erklärt sich diese Primitivität aus meiner Disziplin, auf wenige Stufen zu reduzieren. Sie ist nur Sparsamkeit, also letzte professionelle Erkenntnis, also das Gegenteil von wirklicher Primitivität.«
Paul Klees größtes Problem aber war der Umgang mit Farbe. In Paris lernte er 1912 den Kubismus Braques und Picassos kennen, sowie die Farbexperimente von Robert Delaunay. Vor allem dessen farbige Rechtecke der *Fenster-Bilder* (siehe Seite 85) prägten Klees Kunst. 1914 hatte er die Idee, mit seinem alten Schulfreund, dem Maler Louis Moilliet, und August Macke eine Reise nach Tunesien zu unternehmen (siehe Seite 104). Diese wurde ein entscheidendes Erlebnis für Klees künstlerisches Leben, denn dabei kam viel zusammen: Das helle Licht, die Leuchtkraft der intensiven Farben und die kubische Architektur mit ihren überkuppelten Moscheen trafen auf seine zeichnerischen Erfahrungen und führten so zu einer neuen Bildgestaltung: »Sofort ans Werk gegangen und im Araber-Viertel Aquarell gemalt. Kunst/Natur/Ich. Die Synthese Städtebauarchitektur-Bildarchitektur in Angriff genommen […].« Insgesamt schuf Klee in diesen knapp zwei Wochen 13 Zeichnungen und 35 Aquarelle, darunter auch *Rote und weiße Kuppeln*. Das schachbrettartige Muster zeigt die geometrische Struktur der dortigen Architektur, aber auch den Einfluss der Technik Delaunays. Die als Halbkreise angedeuteten Kuppeln lockern das strenge Schema auf. Durch die abwechslungsreichen Abstufungen entsteht ein lebendiges, pulsierendes Farbengeflecht. Dieses Blatt war ursprünglich Teil eines größeren Aquarells – Klee hat seine Blätter bisweilen schlicht zerschnitten, wenn es der Vereinheitlichung und Konzentration auf bestimmte Details diente.
In Tunesien hat der Zeichner Klee endlich zur Farbe gefunden: »Die Farbe hat mich. Ich brauche nicht nach ihr zu haschen. Sie hat mich für immer, ich weiß das. Das ist der glücklichen Stunde Sinn: ich und die Farbe sind eins. Ich bin Maler.«
Paul Klees Schaffen zeichnet sich bis zu seinem Tod (1940), durch einen ungeheuren Reichtum an bildnerischen Ideen und Experimenten aus. Dabei verbindet er klarste Strenge mit freiester Fantasie.

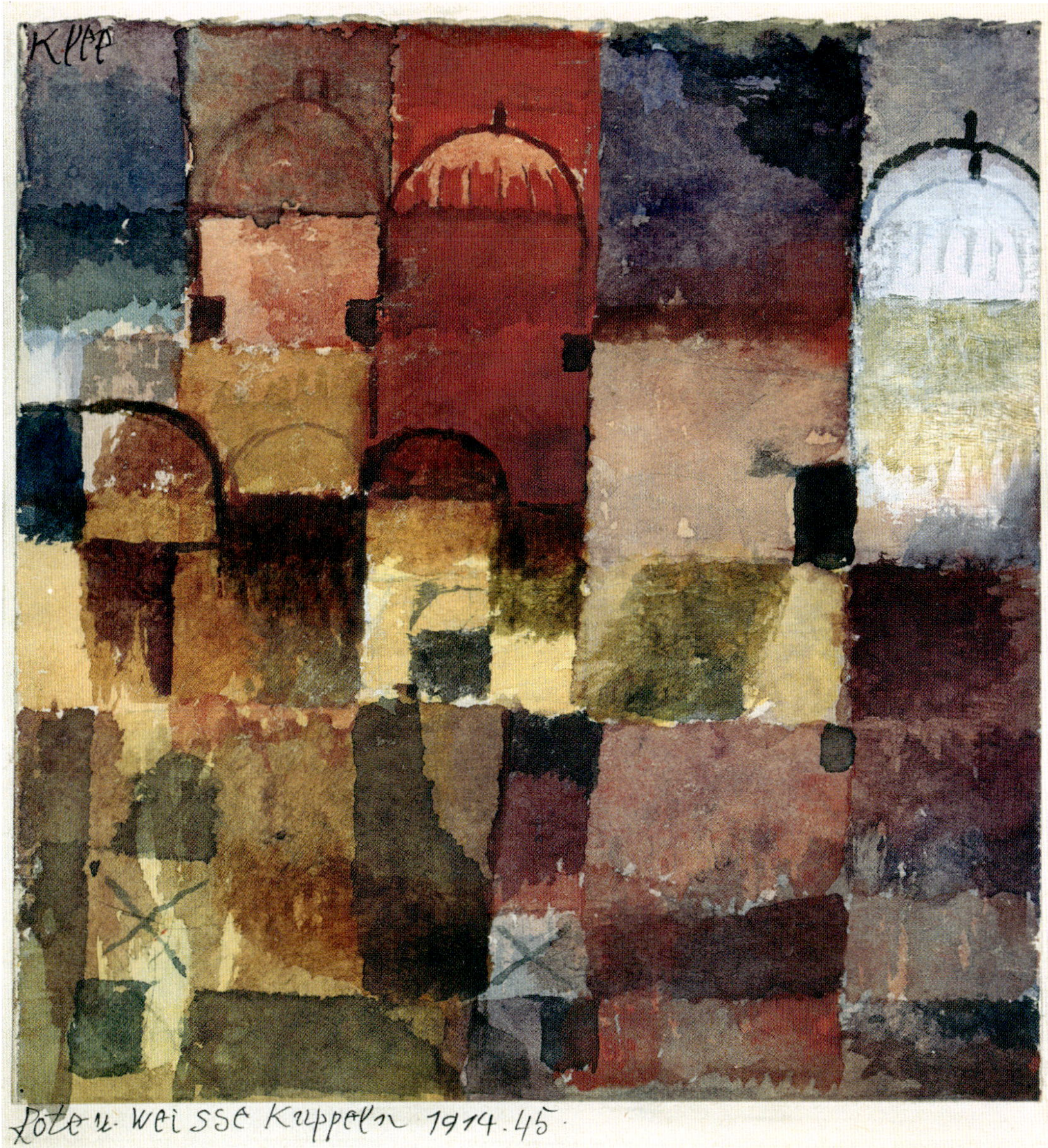
Klee
Rote u. weisse Kuppeln 1914.45.

August Macke
Türkisches Café, 1914

Öl auf Holz
60 × 35 cm
Städtische Galerie im Lenbachhaus und Kunstbau, München

Um den Thunersee wohnten neben August Macke auch die Schweizer Maler Louis Moilliet (1880–1962) und Paul Klee, die Macke 1911 in München kennengelernt hatte. Von Paul Klee stammte die Idee einer gemeinsamen Reise nach Tunesien, um dort neue Inspiration zu bekommen und sich gegenseitig anzuregen. Moilliet, der schon öfter in Tunesien gewesen war, malte wenig und gab sozusagen den Reiseleiter. Die beiden anderen stürzten sich in die Arbeit und zeichneten und aquarellierten fleißig. Angeregt durch die Exotik, das Licht und die Farben, malte Macke über dreißig Aquarelle, zeichnete drei Skizzenbüchern voll und machte dazu noch Fotos: »Es geht wie der Teufel, und ich bin in einer Arbeitsfreude, wie ich sie nie gekannt habe.«
Die Reise ging von Tunis weiter nach Karthago, Sidi Bou Saïd, Hammamet, Kairouan und wieder nach Tunis. Am 19. April kehrten sie zurück und die Arbeit mit dem neuen Material begann.
Anders als wir heute, die in Fotobänden, Zeitschriften und auf Instagram mit Bildern von allen möglichen Reisezielen überschwemmt werden, muss diese Reise für die drei einen völlig anderen, neuen und einschneidenden Eindruck gemacht haben. Macke war auf dem Höhepunkt seiner Kunst angelangt und konnte diese optischen Erfahrungen in sein künstlerisches Universum übernehmen. Bestes Beispiel hierfür ist dieses Werk, in dem er die Komposition im Vergleich zu *Promenade* von 1913 (siehe Seite 98) wesentlich reduziert. Das Motiv – ein Mann vor einem Café sitzend – ist ganz flächig gemalt. Konzentrierte schlichte Formen und klare Farben bestimmen das Bild. Auf Perspektive und Raumtiefe verzichtet Macke. Alles ist Form und Farbe untergeordnet und durch sie verwoben: die grünen Blätter mit dem Gast, der blaugraue Tisch mit der blauen Hauswand und der orange Eingang mit der braunen Wand rechts. Die Formen sind auf Flächen reduziert und rahmen das Bild: im Vordergrund der Tisch, links die Blätter und rechts die braune Wand leiten den Blick über den gelben Stuhl zu Gast und Tür. Tisch und Wand vermitteln aber auch eine gewisse Beobachtungsdistanz des Malers und damit der Betrachtenden, als wolle man nicht stören oder ohnehin nicht in dieses Café gehen. Es scheint nur wie ein Blick im Vorbeigehen.
Im Juni zog Macke mit seiner Familie wieder nach Bonn und beschäftigte sich dort mit der künstlerischen Ausbeute. Ihm blieb nur wenig Zeit. Im August begann der Erste Weltkrieg und nur sieben Wochen nach Kriegsbeginn fiel er am 26. September 1914 in der Champagne. Sein Freund Franz Marc schrieb dazu: »Mit seinem Tode knickt eine der schönsten und kühnsten Kurven unserer deutschen künstlerischen Entwicklung jäh ab; keiner von uns ist imstande, sie fortzuführen.«

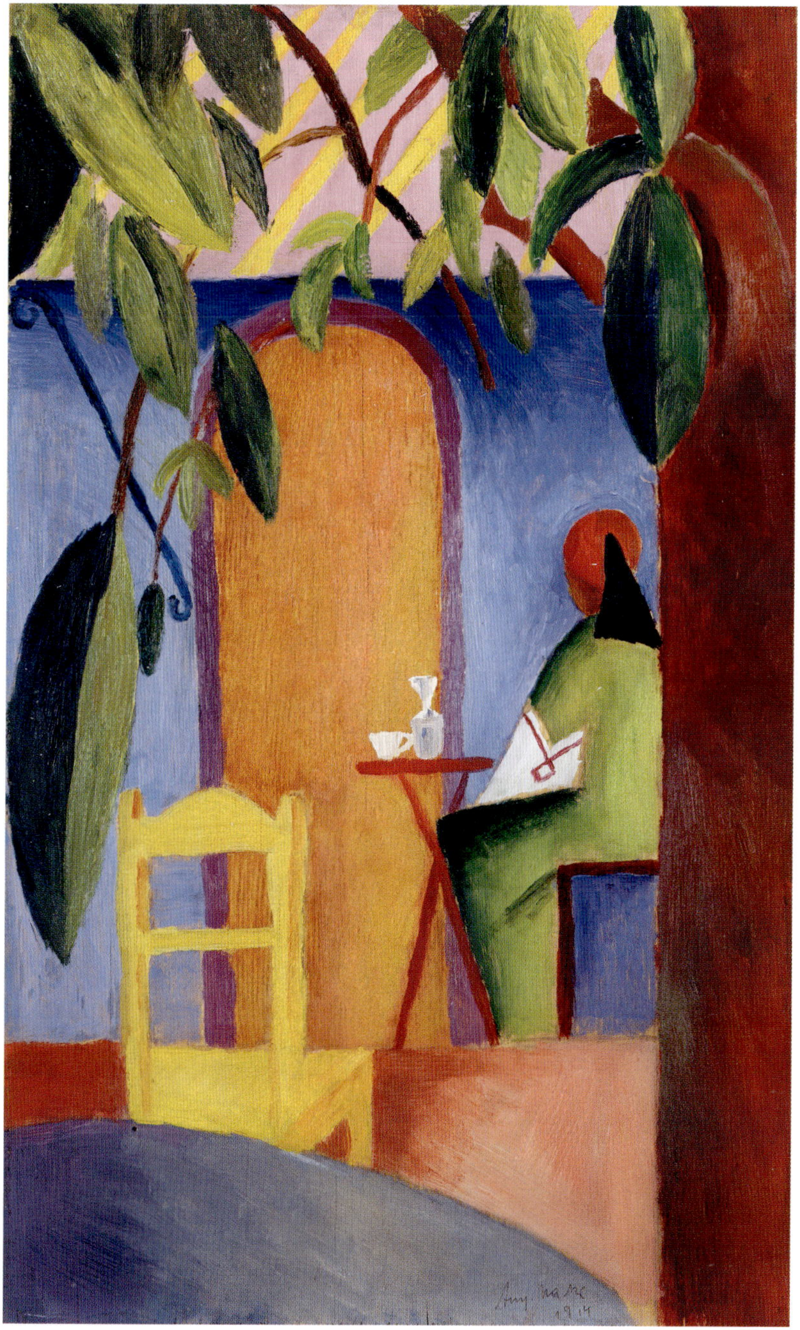

Franz Marc
Tirol, 1914

Öl auf Leinwand
135,7 × 144,5 cm
Pinakothek der Moderne, München

Franz Marc begann dieses Gemälde 1913, nachdem er gemeinsam mit seiner Frau Maria deren schwerkranken Vater besucht hatte, der in Meran im Krankenhaus lag. Er stellte eine erste Version beim *Ersten Deutschen Herbstsalon* in Berlin aus, zog sie aber wieder zurück, um sie zu überarbeiten.

Tirol ist ein komplexes Werk, das sämtliche Erfahrungen Marcs zusammenfasst: die starke Farbigkeit, die kubistische Aufsplitterung der Formen sowie die kristallinen Strukturen und deren Durchdringung, die auf den Einfluss des italienischen Futurismus zurückzuführen sind. Das Werk ist trotz des hohen Grades an Abstraktion doch gegenständlich. Bestimmt wird die Komposition von Gipfelketten, die sich in mehreren Reihen erheben. Über einer kleinen, auf einer violetten Bergspitze stehenden Kapelle leuchtet eine dunkelrote Sonne im blauen Himmel, während auf der linken Seite Mond und Sterne glänzen. Menschen kommen in diesem Bild nicht vor; die einzigen Elemente, die an ihre Anwesenheit erinnern, sind zwei geduckte Höfe am unteren Rand und die Kapelle. An Kandinskys schwarze Linien in vielen seiner Werke erinnert der Baum, der rechts wurzelnd stark nach links kippt und dabei die Form einer Sense annimmt, die wie des Schnitters Werkzeug durch das Land fegt. Im Zentrum des oberen Drittels ist schemenhaft eine dunkle Madonna zu erkennen, traditionell gekleidet in Blau und Rot, mit dem Jesuskind in Gelb im Arm und einem Strahlenkranz um ihr Haupt. Rechts neben ihr ist eine verdunkelte Sonne mit Korona zu sehen. In der ursprünglichen Version war dort, wo man jetzt die Madonna findet, nur eine Sonne zu sehen. Durch die Überarbeitung hat Franz Marc sein Bild nicht nur äußerlich, sondern gleichzeitig in seinem Wesen verändert.

Die Grundstimmung des Gemäldes wirkt jetzt bedrohlich. Die kontrastreichen Farben und die Aufspaltung der Flächen bewirken sowohl eine gewisse Erhabenheit als auch eine ins Chaotische neigende Bedrohung. Die Madonna steht auf einer grünlich türkisen Mondsichel, womit aus der Schutzmantelmadonna das »apokalyptische Weib« der biblischen Offenbarung nach Johannes wird. Marc als christlich gebildeter Künstler kannte die Apokalypse und ihre Symbole und die Madonna als »Sinnbild des sieghaften Glaubens an die Kräfte des Geistes gegenüber der Materie«. Zweifelte er an den Kräften des Geistes? Es scheint, als würden die Mächte des Bösen und Guten einen letzten Kampf ausfechten. Man kann das Gemälde als Vorahnung des Ersten Weltkriegs deuten. Die Bedrohung war spürbar und der Krieg wurde immer wahrscheinlicher. Marc war, wie manch anderer Künstler, dem Krieg eigentlich nicht abgeneigt, sah ihn als notwendige Reinigung auf dem Weg zum Besseren – ähnlich, wie es die Futuristen schon 1909 in ihrem Manifest erklärt hatten. Er meldete sich freiwillig und fiel 1916 bei Verdun.

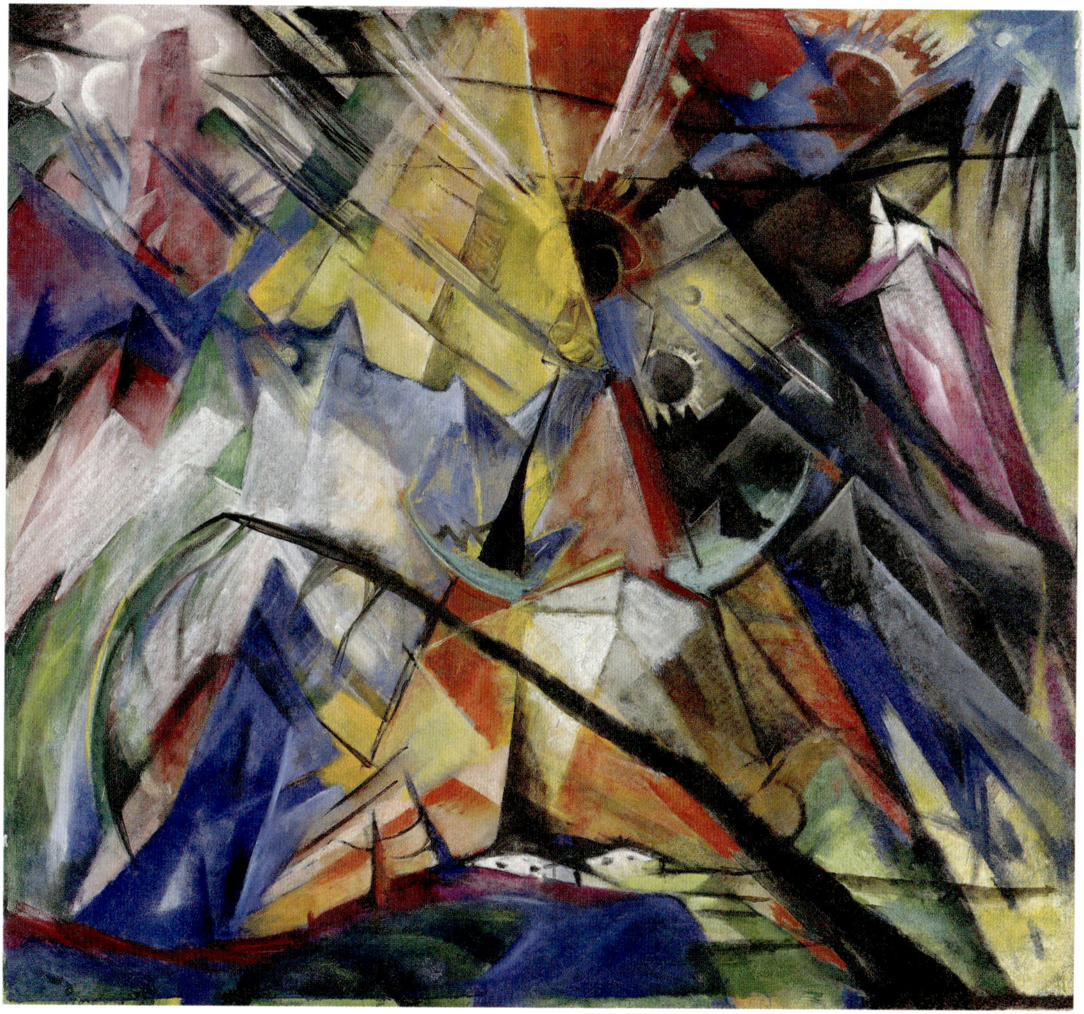

Gabriele Münter
Das Russen-Haus, 1931

Öl auf Leinwand
42,5 × 57 cm
Städtische Galerie im Lenbachhaus und Kunstbau, München

Dieses Haus im ländlichen Murnau am Staffelsee war das eigentliche Zentrum des Blauen Reiters. Hier wurden die bahnbrechenden Ideen entwickelt, hier arbeitete die Redaktion des Almanachs mit dem Titel *Der Blaue Reiter*, die faktisch aus mehr Leuten bestand, als auf dem Titel zu lesen steht. Hier arbeiteten und lebten Gabriele Münter und Wassily Kandinsky und empfingen Freunde und Kollegen, wenn sie nicht unterwegs waren. Münter hatte das Haus 1909 gekauft und zog mit Kandinsky »in die neugebaute Villa, in die sich Kandinsky auf den ersten Blick verliebt hatte. Dieser Liebe ist er treu geblieben. Es gab hin und her Überlegen, er bearbeitete mich etwas und im Spätsommer war die Villa gekauft von Frl. G. Münter«. Zusammen haben sie es liebevoll eingerichtet, mitsamt Bemalung von Treppengeländern und sonstigem Mobiliar. In einigen ihrer Bilder kann man das Interieur erahnen.
Als der Erste Weltkrieg ausbrach, gingen die beiden zunächst in die Schweiz, Kandinsky dann nach Russland und Münter nach Skandinavien: »Von 1915 – 1920 lebte ich in Skandinavien, hatte dort für mich allein große künstlerische Erfolge [...].« Sie stellte aus, nahm, weil ihr Vermögen dahinschmolz, Porträtaufträge an und versuchte, Grafiken zu verkaufen. 1917 zog sie nach Kopenhagen, wo sie ihre Werke in zwei großen Einzelausstellungen präsentierte und sowohl vom Publikum als auch von der Kritik als internationale Avantgardistin geschätzt wurde. 1920 zog sie wieder an den Staffelsee, hatte aber Probleme, dort Fuß zu fassen. »Mit meiner Kunst geht es mir als alleinstehende Frau auch dreckig – [...] ich bin aus allem heraus – eine von tausenden malenden Frauen, die [...] nirgends zur Ausstellung kommt.«
Nach der unglücklichen Trennung von Kandinsky, unter der sie lange litt, trat 1927 mit dem Kunsthistoriker Johannes Eichner (1886–1958) wieder ein Mann in ihr Leben. 1931 zog er zu ihr ins »Russen-Haus«, in dem jetzt kein Russe mehr lebte, nur noch dessen Werke. Kandinsky versuchte in einem langen Rechtsstreit, der bis 1926 lief, sie wiederzubekommen, was ihm aber nur mit ein paar Bildern gelang. Während des Dritten Reiches versteckte Münter seine Gemälde und die anderer Künstler im Keller des Hauses. Große Teile ihrer Sammlung schenkte sie 1957 dem Lenbachhaus in München (siehe Seite 7).
1949 fand im Münchner Haus der Kunst eine große Ausstellung des Blauen Reiters statt, die eine der bedeutendsten Nachkriegsausstellungen der Kunststadt München werden sollte. Münter wurde in den Ehrenausschuss gewählt und war mit neun Bildern vertreten. Kandinsky, Marc und Macke allerdings mit jeweils vierzig. Und so blieb der weibliche Anteil des Blauen Reiters und seine Wirkung wie schon zu Beginn in der großen Öffentlichkeit noch lange eine Randerscheinung, was sich inzwischen glücklicherweise geändert hat.

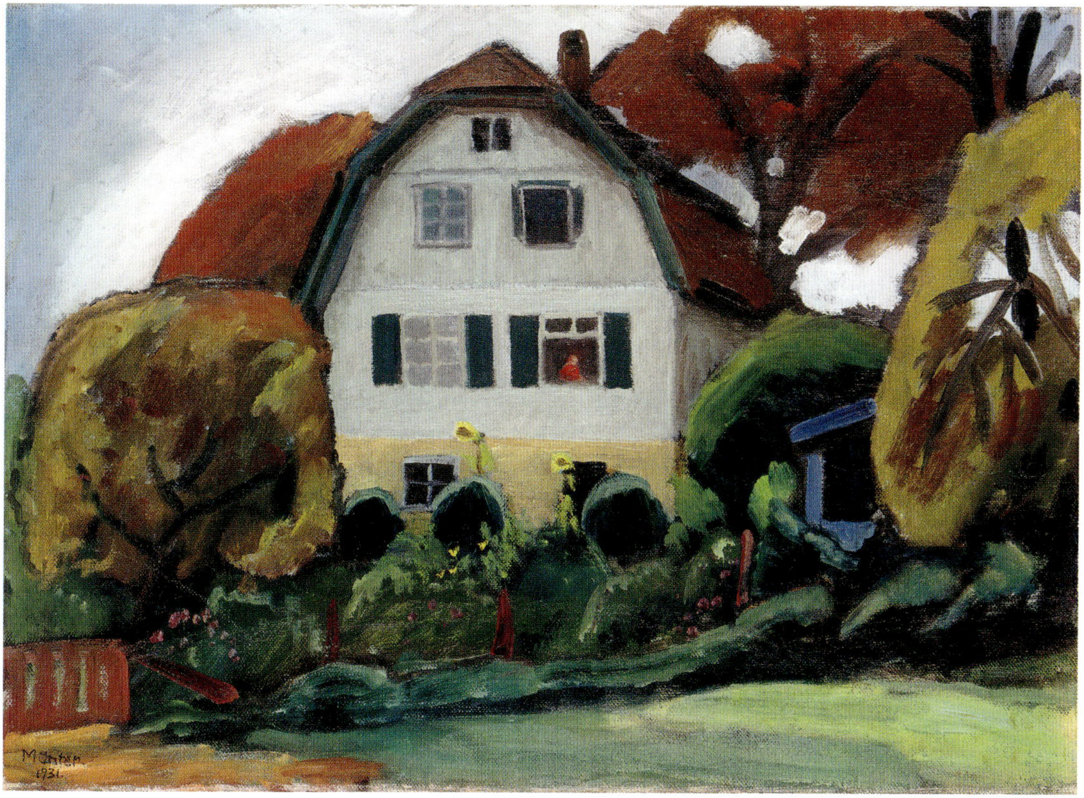

LITERATURAUSWAHL

Bussmann, Frédéric, Roland Mönig und Daniel J. Schreiber (Hrsg.), *Brücke und Blauer Reiter*, Ausstellungskatalog Von der Heydt-Museum Wuppertal, Kunstsammlungen Chemnitz und Buchheim Museum der Phantasie, Bernried, Köln 2021

Doosry, Yasmin (Hrsg.), *Franz Marc auf dem Weg zum »Blauen Reiter«. Die Skizzenbücher im Germanischen Nationalmuseum*, Ausstellungskatalog Germanisches Nationalmuseum, Nürnberg, Nürnberg 2019

Friedel, Helmut, und Annegret Hoberg (Hrsg.), *Der Blaue Reiter im Lenbachhaus München*, München 2013

Hoberg, Annegret, und Matthias Mühling (Hrsg.), *Phantastisch! Alfred Kubin und der Blaue Reiter*, Ausstellungskatalog Städtische Galerie im Lenbachhaus und Kunstbau, München, Köln 2018

Hüneke, Andreas (Hrsg.), *Der Blaue Reiter. Eine Geschichte in Dokumenten*, Stuttgart 2011

Kandinsky, Wassily, und Franz Marc (Hrsg.), *Der Blaue Reiter*, München 1912

Küster, Ulf (Hrsg.), *Kandinsky, Marc & der Blaue Reiter*, Ausstellungskatalog Fondation Beyeler, Basel, Berlin 2016

Marc, Franz, *Briefe aus dem Feld 1914–1916*, München 2014

Poppe, Birgit, *»Ich bin ich«. Die Frauen des Blauen Reiter*, Köln 2011

Salmen, Brigitte, *Marianne von Werefkin. Leben für die Kunst*, München 2012

BILDNACHWEIS

akg-images: 8/9, 11, 15, 18, 43, 47, 57, 59, 61, 71, 89, 91, 93

Artothek: 33, 51, 73, 77 (Hans Hinz), 87, 101, 103, 109

Artvee: 27

Bayerische Staatsgemäldesammlungen – Sammlung Moderne Kunst in der Pinakothek der Moderne München: 97, 107

Belmont Music Publishers, Los Angeles/CA courtesy Arnold Schönberg Center, Wien: 67

Bridgeman Images: 30 (Photograph © 2024 Museum of Fine Arts, Boston. All rights reserved. / Juliana Cheney Edwards Collection), 85

Gabriele Münter- und Johannes Eichner-Stiftung, München: 16, 20

Kunstmuseum Den Haag: 83

Rheinisches Bildarchiv Köln: 81 (rba_d052330_01)

Städel Museum, Frankfurt am Main: 38/39, 65

Städtische Galerie im Lenbachhaus und Kunstbau München: 12, 14 , 22, 35, 41, 45, 49, 63

Städtische Galerie im Lenbachhaus und Kunstbau München, Bernhard und Elly Koehler Stiftung 1965: Cover, 37, 69, 95, 99, 105

Städtische Galerie im Lenbachhaus und Kunstbau München, Gabriele Münter Stiftung 1957: Frontispiz, 17, 25, 53, 55, 75, 79,

Wikimedia Commons: 29 (Ad Meskens)